SELBSTHEILUNG

Dr. Rudolf Likar · Dr. Herbert Janig
Dr. Georg Pinter · Dr. Franz Kolland

SELBSTHEILUNG

Der innere Arzt und die Macht der Gedanken

Aufgezeichnet von
Andrea Fehringer & Thomas Köpf

Redaktionelle Mitarbeit: Hans Schneeweiß

ueberreuter

Dieses Buch widmen wir Sissy Hirschheiter,
einer herzensguten Frau aus Velden.
Du warst so tapfer auf Deinem Weg,
hast nur den Frohsinn gesehen.
Mach's gut dort, wo Du jetzt bist.
Im lichtweißen Schoß der Ewigkeit.

Es will mir scheinen, als ob ein Kranker
leichtsinniger sei, wenn er einen Arzt hat,
als wenn er selber seine Gesundheit besorgt.

Friedrich Nietzsche

Es gibt viele Wege zum Glück.
Einer davon ist aufhören zu jammern.

Albert Einstein

Inhalt

Anmerkung: In dem vorliegenden Buch wird aus Gründen der besseren Lesbarkeit und Übersichtlichkeit auf gegenderte Formulierungen verzichtet. Selbstverständlich ist immer die weibliche und männliche Form gemeint. Alle namentlich erwähnten Interviewpartner haben sich mit der Veröffentlichung einverstanden erklärt.

Die Autoren

Univ.-Prof. Dr. Rudolf Likar ist Facharzt für Anästhesiologie und allgemeine Intensivmedizin, außerdem Spezialisierung auf den Gebieten der Schmerztherapie und Palliativmedizin. Er ist Vorstand der Abteilung für Anästhesiologie und Intensivmedizin am Klinikum Klagenfurt und Vorstand der Abteilung für Anästhesiologie und Intensivmedizin am LKH Wolfsberg. Lehrstuhl für Palliativmedizin an der SFU Wien. Gerichtssachverständiger für Anästhesiologie, allgemeine Intensivmedizin und Palliativmedizin. Präsident der Österr. Palliativgesellschaft (OPG). Past Präsident ÖGARI, Generalsekretär der Österreichischen Schmerzgesellschaft (ÖSG).

Dr. Georg Pinter ist Vorstand des Zentrums für Altersmedizin am Klinikum Klagenfurt, Facharzt für Innere Medizin/ Geriatrie, außerdem Sektionsleiter für Klinische Geriatrie der Österreichischen Gesellschaft für Geriatrie und Gerontologie (ÖGGG). Weiters ist er Referent für Geriatrie der Ärztekammer Kärnten und Co-Referent für Geriatrie der Österreichischen Ärztekammer.

Univ.-Prof. Dr. Herbert Janig ist Klinischer und Gesundheitspsychologe, Prof. i. R. an der Alpen-Adria-Universität Klagenfurt. Ehem. Leitung des Studienbereichs »Gesundheit und Pflege« an der FH Kärnten. Arbeitsschwerpunkte: Projektbegleitung im Gesundheitsbereich.

Univ.-Prof. Mag. Dr. Franz Kolland ist Sozial- und Gesundheitsforscher. Seit 2019 ist er Universitätsprofessor für Gerontologie an der Karl Landsteiner Universität für Gesundheitswissenschaften in Krems. Er ist Vorstandsmitglied der Österreichischen Gesellschaft für Gerontologie und Geriatrie und Träger des Goldenen Ehrenkreuzes für Wissenschaft und Kunst der Republik Österreich. In seiner Forschungs- und Vortragstätigkeit beschäftigt er sich mit den sozialen und gesundheitlichen Veränderungen im Lebenslauf.

Vorwort
So heilt der Geist – die Spiritualität

Selbstheilungen sind in der Schulmedizin nicht immer gern gesehen. Wir Ärzte neigen mitunter dazu, vieles oder alles besser wissen zu wollen, und gerade Spontanheilungen lassen sich nicht professionell erklären. Sie sind Schimären des Schicksals. Unerklärliche Phänomene wie Ufos oder Mysterien im Quantenbereich.

Ungeachtet dessen berichtete Bert Vogelstein, einer der berühmtesten Krebsforscher der Welt, über einen außergewöhnlichen Vorfall, der sogar ihm den Mund offenstehen ließ.

Die Geschichte ereignete sich in einem amerikanischen Krankenhaus, wo Bert Vogelstein als Oberarzt arbeitete. Eines Tages wurde er in den Operationssaal gerufen, wo ein Patient auf dem OP-Tisch lag. Der Chirurg entfernte dem Mann den Blinddarm und Bert Vogelstein überwachte als diensthabender Oberarzt, ob die jungen Assistenzärzte ihre Arbeit gut machten. Während er bei der Operation über die Tücher und Tupfer schaute und jeden Handgriff mit dem Skalpell kontrollierte, sagte die Anästhesistin: »Dieser Patient war schon vor 30 Jahren da.«

Bert Vogelstein fragte: »Ach, und was hat er gehabt?«

»Pankreaskarzinom«, sagte sie.

Vogelstein legte die Stirn in Falten. »Sind Sie sicher?«

»Ja«, sagte die Anästhesistin. Und alle schwiegen. Es blieb nur ein: »Aha.«

Vor drei Dekaden hatte man den Mann, der jetzt wieder auf dem OP-Tisch lag, laparotomiert, das heißt: Seine Bauchhöhle war geöffnet worden, um die Organe zu begutachten. Das Ärzteteam hatte sofort erkannt, dass überall Metastasen waren. Der Krebs hatte sich flächendeckend ausgebreitet. Der Chirurg hatte routinemäßig eine Probe entnommen und den Mann sofort wieder »zugemacht«, wie Operateure das nennen. Dann hatte sich die Spur des Patienten verloren.

Was die Anästhesistin Bert Vogelstein noch erzählte: Der todgeweihte Mann hatte damals im Krankenhaus eine Stationsschwester kennengelernt und sie geheiratet. »Willst du meine Frau werden?«, war der magische Satz und sie fiel ihm um den Hals: »Ja!« Und das, obwohl ihm die Ärzte höchstens ein paar Monate gegeben hatten. Pankreaskrebs ist aus medizinischer Sicht häufig ein Todesurteil.

Nach 30 Jahren kam dieser Patient nun wieder. Auf den OP-Tisch, in dasselbe Krankenhaus, mit einem beleidigten Blinddarm. Der Eingriff war ein Kinderspiel und der Mann konnte bald wieder heim zu seiner Familie gehen. Der Bauchspeicheldrüsenkrebs war längst geheilt. Er hatte sich verflüchtigt wie ein abgeblühter Löwenzahn, eine Pusteblume, die jemand in den Wind schickt. Wie und warum, konnte kein Arzt sagen. Es gab keine Erklärung dafür.

Das erzählt Bert Vogelstein, Professor für Onkologie an der Johns Hopkins University in Baltimore. Kein Träumer, kein Fantast. Ein Realist.

Man muss berücksichtigen, dass Geist und Seele einen Einfluss auf die Genesung haben, selbst wenn der Spezialist das molekularbiologisch nicht beschreiben kann.

Aber offensichtlich war da etwas gewesen, das sich über die schulmedizinische Prophezeiung, dass der Patient nicht länger als ein paar Monate leben würde, hinweggesetzt hat. Etwas viel Größeres.

Selbstheilung, gestützt durch die Wirkkraft der Liebe seiner Frau.

Das Gegenteil von Selbstheilung ist Selbstzerstörung. Was sich vor Kurzem bei einem Amoklauf in Uvalde, Texas, ereignet hat, bezeichnen wir als das sogenannte Broken-Heart-Syndrom: eine plötzlich auftretende Funktionsstörung der linken Herzkammer, die durch extremen Stress oder tiefe Trauer ausgelöst werden kann.

Irma, eine der beiden Lehrerinnen, die an der Schule unterrichtet hatten, war von dem Attentäter zusammen mit den Kindern erschossen worden. Ihr Mann Joe, der sie abgöttisch geliebt hatte, ein völlig gesunder Sportler, starb drei Tage später. Einfach so. Kein Selbstmord, keine Krankheit, sein Herz war gebrochen und gab auf.

Da muss man schon sagen, dass der Geist einen gewissen Einfluss hat, den man nicht leugnen kann. Er kann einen Menschen, der fast tot ist, gesund machen oder einen gesunden Menschen töten. Kummer, Leid oder auch Hass sind starke Gefühle. Sie erzeugen eine Energie, die sich wie ein schwarzer Bumerang gegen einen selbst richtet.

Werfen wir kurz einen Blick hinüber ins Silicon Valley. Am Nabel der Technologiewelt passiert gerade etwas Eigentümliches: Hightechgiganten stellen buddhistische Mönche ein. Die Weisen mit den kahl rasierten Köpfen, ihren orangefarbenen Kāsayā-Kutten und dem zufriedenen Lächeln im Gesicht sollen die Nerds, die dort arbeiten, dazu bewegen, während der Arbeit zu meditieren. Das klingt nach dem Feuchttraum einer Sekte oder nach Konkurrenz zu den Religionen. In Wahrheit sind es pseudoreligiöse Praktiken, die im Silicon Valley der Stressreduktion, der Beruhigung dienen sollen. Es ist ein Achtsamkeitstraining, das letzten Endes nicht nur das Glück des Einzelnen vermehren, sondern die Produktivität steigern soll. Spirituelles Coaching nennen sie es. Auf diese

Art schafft Buddha Effizienz. Die katholische Kirche hat dieses Geschäftsmodell noch nicht für sich entdeckt.

Die Idee dahinter ist bestechend einfach: Mönche und Schamanen kommen zu den Firmen und lehren innere Ruhe. Die Angestellten dort arbeiten 60, 80 Stunden und mehr. Sie haben nichts außer der Company, dem Computer, dem Netz, dem Smartphone, dem Projekt und der Vision vom eigenen Start-up. Der einzige Lichtblick ist Spiritualität, bis zu einem gewissen Grad der Buddhismus. Ausgeglichenheit ist immer willkommen – wie Fast Food für die Seele. Und das kommt der Firma zugute: Die Menschen befinden sich in ihrer Mitte und die Aktionäre sind glücklich. Ein Zeichen, wie wichtig diese Kräfte offensichtlich sind.

Wenn Mitarbeiter sich von ihrem Umfeld verstanden fühlen, wenn sie dank der Meditation in sich ruhen, wenn sie durch das Mantra alles besser einschätzen, dann leben sie nicht nur gesünder, sondern sind letzten Endes auch bessere Mitarbeiter.

Im Silicon Valley sind auch viele Nichtamerikaner tätig. Sie arbeiten dort hart rund um die Uhr, und das sechs, vielleicht sieben Tage die Woche, alles freiwillig und easy. Und dafür bekommen sie von der Firmenleitung ein besonderes Zuckerl, nämlich Spiritualität, die Gnade der Erkenntnis.

Bei uns gibt es Homeoffice, einen kargen Bonus oder Zeitausgleich – im Santa Clara County bekommen Mitarbeiter eine Erleuchtung und ein aufpoliertes Karma als Booster.

Diese Denkungsart hat Tradition. In den Fünfzigerjahren war Kalifornien das Epizentrum einer Gegenkultur, einer Counterculture – der Hippies. Die Menschen lebten schon damals ihre eigene Spiritualität, aus der es im wahrsten Sinn des Wortes nur so herausgeraucht hat. Joints statt Joint Ventures. Gras statt en gros. Peace statt Plackerei.

Die Cleveren entdeckten Höheres für sich und machten etwas aus ihrem Leben. Steve Jobs, Lichtgestalt von Apple, und Larry Ellison, Gründer von Oracle, folgten buddhistischen Traditionen. Interessant ist, dass sich der Buddhismus sehr früh der Wissenschaft geöffnet hat, und zwar wurde untersucht, inwieweit das vegetative Nervensystem durch buddhistische Meditation optimiert werden kann. Dazu gab es Magnetresonanzuntersuchungen, die zeigten, dass sich die Hirnströme tatsächlich verbesserten.

Die heutigen Hightechgiganten haben die Spiritualität nicht entdeckt, sie bedienen sich lediglich ihrer Wirkung. Altes Wissen, neuer Nutzen. Go for it!

Diesen Weg hätte auch das Christentum einschlagen können, aber die buddhistischen Mönche waren schon immer offener als der Vatikan. Spiritualität als Mittel zum Zweck hat einen gewissen Chic. Bei uns im deutschsprachigen Raum haben wir einen Betriebsarzt und vielleicht auch einen Psychotherapeuten, der Mitarbeitern in komplizierten Seelenfragen zur Seite steht, die digitalisierten Weltkonzerne hingegen haben Mönche auf der Payroll. Was für ein Kontrast!

Zu diesem Thema wurde die sogenannte Mantra-Studie durchgeführt, erschienen im hoch angesehenen Medizinjournal The Lancet. Wissenschaftler untersuchten dabei den Einfluss von transzendentalen Übungen, Musik, Berühren und Meditation, aber auch Gedanken an Gott auf Herzinfarktpatienten.

Wenn jemand einmal einen Herzinfarkt hatte, ist das Risiko hoch, einen zweiten zu bekommen. Tritt dieses Ereignis erneut auf, spricht man von einem Rezidiv. Die Forscher entdeckten, dass die Rezidivrate bei der Meditationsgruppe deutlich geringer war. Das Mantra verhinderte den nächsten Infarkt. Glaube und Transzendenz wirkten wie ein

Schild gegen den Sensenmann. Unfassbar für die Welt der Medizin!

Diese Studie schickte ich Kardinal Schönborn, der sich damals in Rom aufhielt. Er schrieb mir eine wunderschöne Karte zurück: Ja, es freue ihn, dass die Wissenschaft dies nun auch erkennt.

Als die bahnbrechende Lancet-Studie veröffentlicht wurde und in den Medien für Aufsehen sorgte, arbeitete ich als Arzt im AKH. Bei der Morgenbesprechung um 7.30 Uhr fragte der damalige Oberarzt der gynäkologischen Abteilung in die Runde: »Die Zeitungen schreiben: ›Können Gebete heilen?‹ Ich frage euch: Ist es entscheidend, dass jemand gebetet hat oder dass für jemanden gebetet wurde?« Alle überlegten. Wir einigten uns schließlich auf die erste Variante: Die Perspektive des Betenden, so fanden wir, sei wichtiger. Heute bin ich der Ansicht, man kann beides gelten lassen.

Interessant, auch für einen Schulmediziner, ist, dass man das, was früher als Seele angesehen wurde, heute, ich würde nicht sagen, messen, aber benennen kann. Dadurch wird die Bedeutung des Spirituellen freilich nicht reduziert. Es zeigt sich vielmehr, wie die spirituelle Kraft tatsächlich in den Körper eingreifen kann. Man kann mehr oder weniger nachzeichnen, wie unser Geist sich in die Körperdimension einbringt. Dies ist ja nichts Schlechtes, sondern vielmehr eine Bestätigung, wie wichtig die Spiritualität ist, die uns wie ein leiser Chauffeur steuert.

Dennoch darf man den Körper nicht vergessen. Wir machen Vorsorgeuntersuchungen, sammeln Laborwerte, analysieren das Greifbare. Prävention ist sehr wichtig. Angenommen, die Vorsorgemedizin entdeckt bei einer Frau einen Knoten in der Brust und der Knoten wird entfernt. Dann ist das gelungene Vorsorgemedizin: Problem erkannt und beseitigt.

Wenn man aber weiß, dass sich ebendieser Brustkrebs über Jahrzehnte entwickelt hat, könnte man daraus lernen und noch früher ansetzen. Aus Vorsorgemedizin wird dann Selbstheilungsmedizin. Das heißt, man setzt an, noch bevor der Brustkrebs überhaupt da ist. Jeder trägt irgendwelche malignen, also bösen Zellen in sich, aber wir können versuchen, die psychogenen Immunkräfte unseres Körpers anzuregen, um zu verhindern, dass später überhaupt eine schwere Krankheit auftritt.

Das wäre eine neue Schattierung der Prävention. Vorsorgemedizin bedeutet: Man schaut, ob irgendein Unheil da ist, und wenn ja, ergreift man Gegenmaßnahmen, eventuell wird operiert. Selbstheilungsmedizin bedeutet: Man lässt es gar nicht so weit kommen, dass Krebszellen im Körper wachsen.

Selbstheilung kann das Drehbuch des Lebens umschreiben. Zur Selbstheilungsmedizin wollen sich nur wenige Kollegen äußern, geschweige denn exponieren; zu groß ist die Angst vor dem Gegenwind der Rationalisten.

Die seelische Dimension spielt sowohl bei der Prävention als auch bei der Selbstheilung einer Erkrankung, die zwar schon vorhanden ist, möglicherweise aber noch nicht bemerkt wurde, eine große Rolle. Nehmen wir als Beispiel Brustkrebs bei einer Frau oder Prostatakrebs bei einem Mann. In beiden kann der Krebs schlummern und sich erst nach Jahrzehnten melden. Oft wissen die Betroffenen gar nicht, dass sie an einem Karzinom leiden. Das ist natürlich nicht gegen Früherkennungsmaßnahmen oder die Reparaturmedizin gerichtet, es soll hier kein falscher Eindruck entstehen. Aber wenn wir davon ausgehen, dass jeder Mensch irgendwann einmal ein Malignom in sich trägt, so ist es legitim, sich Gedanken zu machen: Kann ich, obwohl ich das noch gar nicht weiß und vielleicht auch nicht wissen möchte, Kräfte mobilisieren, um nicht nur eine Anti-Aging-Strategie zu entwickeln, sondern eine Art Anti-Disease-Strategie zur Selbstheilung einzuleiten, wenn sich in mir etwas anbahnt, das nicht in Ordnung ist?

Wir alle tragen Arteriosklerose in uns, wir alle tragen bösartige Zellen in uns, wir alle tragen eine Degeneration im Gehirn in uns – sollten wir nicht versuchen, dagegen bis zu einem gewissen Grad selbstheilend vorzugehen?

Wir wissen zum Beispiel, dass der Alzheimerkrankheit in vielen Fällen eine jahrelange depressive Verstimmung vorausgeht. Hier könnten wir ansetzen. Wer ständig zu depressiven Verstimmungen neigt, ist deutlich gefährdeter, die Alzheimerkrankheit zu entwickeln. In diesem Fall können wir in Abwandlung des berühmten Spruches der alten Griechen Mens sana pro futuro sano – ein gesunder Geist für eine gesunde Zukunft – selbst etwas tun.

Die körpereigene Reparatur wirkt über das Immunsystem und hängt natürlich davon ab, in welcher Situation man sich momentan befindet. Daher könnte man so etwas wie Selbstheilung von im Ansatz befindlichen malignen Zellen, die noch nicht manifestiert oder diagnostiziert sind, ins Auge fassen. Gleiches gilt für die Zerstörung der Blutgefäße, die Arteriosklerose, die besonders von der Seele abhängt. Die Verkalkung ist oft eine Stressreaktion der Blutgefäße auf permanente Überforderungen und stetes Gewitter in unserem Gehirn.

Die Selbstheilung wird durch die Veränderung der elektrischen Ladung im Genom angeregt. Wenn das geschieht, ändert sich die Transkription der Gene, das heißt, die Ablesung der Gene kann aktiviert werden. Und je nachdem, in welchem Elektrizitätszustand sich das Genom befindet, wird das transkribiert oder eben nicht abgelesen.

Hier docken wir thematisch an der Epigenetik an. Mit Methyl- und Acetylresten können wir unser Genom präventiv mehr oder weniger verändern. Die Frage lautet natürlich: Wie geht das?

Antwort: durch die Gefahr.

In dem Moment, wo das Individuum – das kann auch eine Pflanze sein – in Gefahr gerät oder einer bestimmten Belastung ausgesetzt wird, hat es Angst zu sterben und aktiviert im Überlebensdrang unglaubliche Kräfte, die die elektrische Ladung des Genoms verändern und so eine Selbstheilung einleiten. Diese wunderbare Einrichtung reicht bis in die Steinzeit zurück, wo die Jäger und Sammler hinter jeder Ecke ein Säbelzahntiger erwarten konnte. Dann musste man schnell sein und über eine kurze Zeitspanne Höchstleistungen erbringen – sonst war man im Schlund der Bestie. Die größte Gefahr des Steinzeitmenschen war allerdings nicht nur, gefressen zu werden, sondern die Furcht, nichts zu essen zu bekommen.

Das alte Lied Restriction of Calories greift hier insofern, als es tatsächlich eine Selbstheilung bedingt. Dazu gibt es jede Menge Studien. Fasten schützt vor Alzheimerkrankheit, nicht nur vor Neurodegeneration. Und auch das funktioniert nur, wenn man es wirklich regelmäßig zusammenbringt, den Körper kurzfristig in eine Notsituation zu versetzen, sodass er Angst hat zu verhungern. Wenn das klappt, spielt ein ganzes Konzert seine Symphonie von der Heilung; dasselbe gilt für Herz-Kreislauf und Gefäße. Sogar beim Blutdruck ist schon nach kurzer Zeit eine Verbesserung zu erkennen. Das ist das Geheimnis der Katharsis. Selbstheilung beginnt mit Selbstreinigung, mit der Autophagie, dem körpereigenen Putztrupp, der den ganzen Mist auf mikrozellulärer Ebene aufsammelt und entsorgt. Makrophagen kommen daher wie beim Retro-Game Pac-Man und mampfen den Müll weg.

Patientinnen und Lesern empfehle ich, 16 Stunden am Stück nichts zu essen. Fünfmal pro Monat. Man muss das nicht jeden Tag praktizieren. Disziplinierte Menschen können sich sehr wohl eine Woche herausnehmen; sie halten in dieser Woche das 16-stündige Fasten ein und bleiben tagsüber unter 1000 Kalorien. Dabei Proteine, Kohlenhydrate und Fette in einem bestimmten Verhältnis aufnehmen. Eher mehr Fett und wenig Eiweiß, Proteinfasten also.

Auch der zweite Punkt nach dem Intervallfasten ist ein Tool der Neandertaler: Davonlaufen vor dem Feind, heute heißt es: Exercise. Bewegung jeder Art. Sport, Spazierengehen, was auch immer. Bewegen, bewegen, bewegen.

Der dritte Punkt sieht vor: Man hat nichts zum Heizen, es ist kalt und der Körper gerät unter Stress. Das lässt sich ganz leicht simulieren. Rein ins Kältebad! Der plötzliche Schock bringt den Körper auf Touren. Auf diese Weise wird der Sympathikotonus angeregt und langsam epigenetisch umgeformt.

Restriction of Calories. Exercise. Cryotherapy – fasten, laufen, ein Eisbad nehmen.

Drei einfache (und kostenlose) Mittel, wie man die Epigenetik zur Selbsterneuerung und Selbstheilung nutzen kann. Diese Maßnahmen können auch heilsam sein, wenn der Betroffene schon eine Neurodegeneration hat oder kardiovaskulär erkrankt ist; das geht sogar hin bis zu Parkinson. Liebe Grüße aus der Steinzeit!

Und dann die seelische Selbstheilung. Die Ebene des Kopfes, die Macht der Gedanken. Wir kennen die wissenschaftliche Bestätigung, dass die Rezidivrate bei Herzinfarkten durch Mantra und Meditation gesenkt wird. Und da fragt der Mediziner natürlich zu Recht: Was ist das für ein geheimnisvoller Mechanismus? Wie macht das Gehirn das?

Es schickt den Vagabunden – so heißt der zehnte Gehirnnerv – auf Reisen. Nervus vagus. Dieser verläuft durch den Hals, verästelt sich zu den Ohren hin und in den Kehlkopf, erstreckt sich im Brustraum und spaltet sich in den linken und rechten Vagus. Verästelungen führen zu Herz, Lunge, Magen, Bauchspeicheldrüse, Darm und weiteren Organen im Bauchraum.

Der Vagabund reist leutselig durch den Körper. Er vagabundiert mehr oder weniger in jedes Organ. Dort registriert er, ob eine Entzündung oder ein Krebs im Entstehen begriffen ist. Und meldet das der Zentrale. Nervus vagus an Hirn: »Irgendetwas stimmt da unten nicht.« Der Dialog funktioniert sinngemäß über zwei Standleitungen: den afferenten Arm des Nervus vagus – afferent heißt, zu einem Organ hinführend; und den efferenten Arm – bedeutet, von einem Organ herkommend. Über diese beiden Kanäle wird dual kommuniziert. Der Vagabund schickt Impulse und Befehle nach außen, wenn er zum Beispiel sieht, dass mit der Leber, den Nieren oder dem Herzen etwas nicht in Ordnung ist. Roter Alarm! Sofort schickt er einen Neurotransmitter namens Acetylcholin hin. Diese Ammoniumverbindung versucht, das Problem zu lösen. Zur Not wird die Kavallerie gerufen und das Immunsystem galoppiert los. Selbstheilung durch Biochemie.

Und genau das ist der Prototyp der Selbstheilung, quasi übers Gehirn, über den vagabundierenden Hirnnerv Nummer zehn. Er kontrolliert die Peripherie und kann bis zu einem gewissen Grad die Botschaften, die er von außen bekommt, im Gehirn dazu verwenden, dass neue Botschaften nach außen geschickt werden. Diese Kommandos leiten bestimmte Heilprozesse ein. Der Nervus vagus verändert den maroden Jetztzustand in dem Bestreben, den Idealzustand wiederherzustellen. Die Zentrale mobilisiert nur auf Geheiß alle molekularbiologischen Prozesse, die dazu führen, dass der Mensch genest.

Früher haben Mediziner bei Patienten mit einem Magengeschwür den Nervus vagus versuchsweise durchtrennt. In der Hoffnung, damit eine Besserung des Geschwürs zu erreichen, weil das Acetylcholin manchmal die Magensäure anregt. Ganz im Gegenteil. Die Patienten bekamen in einer höheren Rate Magenkrebs, weil der Vagabund die Selbstheilungskräfte nicht aktivieren konnte.

Interessant ist auch Folgendes. Die Prostata ist von einem dichten Nervengeflecht umgeben, weshalb eine Operation dort nicht so einfach ist und was mitunter zu neuronalen Beschwerden führt. Das Konvolut besteht aus sympathischen Nerven, also jenen Nerven, die den Stress letzten Endes weitertransportieren.

Ein solcher sympathischer Nerv ist außerdem dafür verantwortlich, dass der Blutdruck steigt und irgendwann ein Stressfaktor dazukommt. Studien ergaben, dass bei Männern, die einen Betablocker gegen den hohen Blutdruck – also gegen den Sympathikotonus – genommen hatten, die Wahrscheinlichkeit, an einem Prostatakarzinom zu erkranken, geringer war. Das sympathische Nervensystem hüllt die Prostata praktisch ein und die Prostata ist offensichtlich so etwas wie ein Stressorgan. Der Sympathikotonus feuert und er feuert immer dann, wenn Stress oder eine Belastung da sind. Dann wird die Prostata derart stimuliert, dass sie mit der Zeit entarten kann. Manche Betablocker senken also nicht nur den Blutdruck, sie mindern auch die Hektik in den Zellen. Man kann sie, wenn der Hausarzt zustimmt, präventiv nehmen.

Und dann gibt es natürlich noch das Noradrenalin, das vom Gehirn freigesetzt wird. Das Noradrenalin stimuliert die Lymphbahnen. Steht der Mensch sehr unter Druck, werden die Lymphbahnen vor allem dort, wo etwas nicht in Ordnung ist, erweitert. Diese Erweiterung führt letzten Endes zur

Metastasierung eines Malignoms, sprich: Der Krebs breitet sich aus.

Das Cortisol macht desgleichen mächtig Stress. Es wäre logisch, auch gegen dieses Hormon einen Betablocker einzusetzen. Allerdings überlegt man sich das beim Cortisol. Es gibt dazu laufende wissenschaftliche Arbeiten, in denen sich Forscher und Ärzte mit der Frage beschäftigen, ob man das Oxytocin nicht besser als Nasenspray anwenden soll.

Das Oxytocin ist das Bindungshormon, das heißt, der Mensch wird ruhiger und geht auf den anderen zu. Ein einfaches Beispiel: Wenn wir einen Feind haben, der mit einem roten Volkswagen durch die Gegend fährt, dann bekommen wir bei jedem roten Volkswagen, den wir im Verkehr sehen – egal, ob der Feind drinnen sitzt oder nicht –, sofort eine Schnappatmung. Hier müsste man sich des Oxytocins bedienen. Es senkt die Unruhe, also das latente Gefühl, gehetzt und verfolgt, gejagt und vertrieben zu werden.

Es handelt sich dabei, wie gesagt, um laufende Studien, um Versuche, die allerdings eines zeigen: Die Medizin nimmt die Psyche sehr ernst, um selbstheilende Mechanismen zu erkunden und pharmakologisch zu aktivieren.

Zudem gibt es Forschungen, die nachweisen, dass es bei chronischem Stress und Depression zu einer Veränderung der DNA kommt. Die Erbmasse baut sich um. Um dem vorzubeugen, überlegt man aktuell in Studien, Antioxidativa zu verwenden, Radikalfänger. Die Akribie in der Forschung spiegelt die Bemühungen der Pharmaindustrie wider, alle Bereiche mit neuen Medikamenten abzudecken: Selbstheilung ist ein unentdecktes Land, in dem Goldminen liegen.

Am Schluss noch ein Wort zum Dopamin. Zustimmung und Ablehnung, Freude und Leid, die großen Glücksgefühle sind durch das Dopamin geregelt. Wenn wir Freude empfinden, wird Dopamin freigesetzt. Wenn wir enttäuscht sind, geht das Dopamin zurück. Und heute wissen wir, dass die elektrische Ladung vor allem durch drei Ladungsträger beeinflusst wird, nämlich durch Methyl-, Acetyl- und Phosphatgruppen. Die Methylgruppen ziehen sich gegenseitig an, wodurch die DNA dichter wird und nicht abgelesen werden kann. Das Acetyl stößt sie ab, womit die beiden DNA-Stränge auseinandergehen. Die Transkriptionsmaschinerie kann drüberfahren. Die elektrische Ladung entscheidet also über die Aktivitätsmöglichkeit an der DNA. Jetzt ist die Wissenschaft auf eines draufgekommen: Nicht nur das Methyl, das Phosphat und das Acetyl sind Ladungsträger, sondern auch das Dopamin. Dieses kann direkt an der DNA andocken und etwas am Erbgut verändern. Das bedeutet für uns: Wenn wir daran sind, wird die Epigenetik direkt an der DNA gekitzelt.

Das Unglaubliche ist: Man kann diesen Vorgang durch gewisse Prozesse arretieren. Das heißt, die Reaktion auf etwas bleibt quasi erhalten. Ist es Zustimmung oder Ablehnung? Und diese Vorgänge lassen vermuten, dass es so etwas wie ein kollektives Bewusstsein gibt. Denn die kollektive Zustimmung, die Begeisterung für manche Dinge – auch wenn es nicht die besten, sondern oft die schlechtesten Dinge sind – fasziniert. Sie werden offensichtlich durch Veränderungen in unserer DNA, wo das Dopamin, also das Zustimmungs- oder Ablehnungshormon, eine Rolle spielt, moduliert und geändert.

Deshalb ist es nicht nur wichtig, eine Selbstheilung für den Einzelnen ins Auge zu fassen, sondern auch eine Selbstheilung für das Kollektiv. Die Gesellschaft sollte versuchen, sich selbst zu heilen.

Permanente Erregung, die Lust am Skandal, Social Media, Mobbing, die Wirkungsbreite eines Shitstorms, jedes Hassposting, jeder Streit und jeder Krieg, im Schrebergarten oder auf dem Kontinent, legt sich wie ein Pesthauch auf die Erbmasse, verändert die Anlagen, und das nicht zum Guten.

Schwarmintelligenz ist nicht unbedingt intelligent. Angenommen, ein Mann wird verdächtigt, ein Kinderschänder zu sein. Lassen Sie die Masse im Internet abstimmen, ob er getötet werden soll oder nicht, so tippt die Mehrheit impulsiv auf Ja. JA. JA!!! Sollte sich im Nachhinein herausstellen, dass der Mann unschuldig war, kümmert das den Hornissenschwarm des Hasses nicht mehr; er ist längst weitergeschwirrt.

Der republikanische Triumph hat den Nachteil, dass sich die Masse oft als Richter aufspielt und (im übertragenen Sinn) Todesurteile ausspricht, ohne die Kompetenz dafür zu haben.

Dazu eine Geschichte aus Jerusalem. Heute steht an dem Ort eine Polizeistation, dahinter befindet sich das Kloster der Armenier. Interessanterweise wird hier nicht gegraben, obwohl man ganz genau weiß, dass dort drunter das Haus von Pilatus liegt. Würde man einen Spaten in die Erde rammen und ein Loch graben, stieße man bald auf alte Mauern. Dann allerdings wäre der Platz Sperrzone und keiner dürfte mehr hier wohnen. Der Boden ist geschichtsträchtig, hat sich dort doch eine berühmte Szene aus der Bibel abgespielt.

Pilatus verhörte Jesus und erfuhr nichts Schändliches. Jesus blieb ruhig, stand Rede und Antwort. Pilatus dachte: Was wollt ihr von ihm? Er ging zur draußen wartenden Masse hinaus, stellte sich vor sie hin und erhob die Stimme: »Ich habe mit Jesus geredet. Ich finde keine Schuld an ihm.« Was brüllte die Masse?

»Kreuzige ihn, kreuzige ihn!«

Pilatus ging noch einmal hinein, redete wieder mit Jesus und trat erneut vor das aufgewühlte Volk. Er erklärte noch einmal: »Ich bin der Meinung, dieser Mann ist unschuldig.« Die Masse buhte, brüllte erneut und noch lauter.

»KREUZIGE IHN! KREUZIGE IHN!«

So kam Jesus zu seinem Todesurteil.

Wenn heute ein Medium eine Befragung startet, ist die Glut der Strafe wieder heiß, vor allem bei den Kommentaren in den Foren. Was soll man mit den Ungeimpften machen – delogieren? Die Masse schreibt: delogieren! Sollen wir sie kündigen? Die Masse schreibt: kündigen!

Da fühle ich mich immer wieder zurückversetzt an die Polizeistation in Jerusalem, wo ich Zeuge der Verurteilung Jesu, der Kreuzigung aus Wüterei werde.

Selbstheilung beginnt im guten Glauben. Und dieses Buch soll Hoffnung geben, dass der Mensch mehr ist als die Summe seiner in Mitleidenschaft gezogenen Organe. Und noch etwas: Das Göttliche ist kein weißer alter Mann mit Bart. Es steckt in jedem von uns.

Johannes Huber, Juni 2022

Überlebenschance: Fünf Prozent

Ist doch wunderbar, dachte ich mir, als zwei alte Frauen mit ihren Angehörigen das Zimmer verließen, in das ich gerade hineingeschoben wurde. Die beiden sind unheilbar und dürfen zu Hause im eigenen Bett sterben. »Sie sind jetzt im Palliativraum und bleiben dort«, sagte die Krankenschwester. Palliativ klingt irgendwie fremdartig, dachte ich. Das kann doch nur ein Irrtum sein, keiner in der Familie hatte jemals Krebs. Schon gar nicht Blutkrebs.

Aber ich hatte schon so etwas wie eine Vorahnung. Es war beim Silvesterfeuerwerk. Ich stand am Balkon, schaute in den vom Feuerwerk bunt glitzernden Nachthimmel. Ich hatte ein ungutes Gefühl, sagte es sogar laut vor mich hin: »Gabi, das wird kein gutes Jahr.«

Zwei Monate später waren überall auf meinem Körper schwarze Flecken. Kann vorkommen, hatte ich mir als Erstes gedacht. Hab mich sicher irgendwo angestoßen. Aber meine Friseurin fand auch einen am Kopf. Sie runzelte ihre Stirn und sagte: »Der schwarze Fleck schaut aber gar nicht gut aus.« Natürlich verdrängte ich das. Aber ich merkte schon, dass ich immer weniger Luft bekam.

Als ich zur Zahnärztin musste – sie hat ihre Ordination im vierten Stock ohne Lift –, überholte mich ein Fahrradbote beim Raufgehen. Der Mann trug ein Paket für die Zahnarztpraxis bei sich. Als ich es endlich in den ersten Stock geschafft hatte, kam er schon wieder zurück. Die Ärztin wunderte sich über mein Japsen; ich rang regelrecht nach Luft, als sie mir die Implantate einpflanzte. Sie konnte die neuen Zähne nur notdürftig befestigen, weil ich blutete und blutete. Schwerer Blutverlust. Da dachte ich erstmals, dass hier etwas nicht stimmt, und machte kurzfristig einen Arzttermin aus. Natürlich suchte ich davor im Internet, woher meine schwarzen Flecken kommen könnten – beide Beine waren davon schon übersät. Dr. Google meinte, es wären Petechien. Das sind stecknadelkopfgroße Blutungen der Haut, die bei Stress, einer Ernährungsumstellung oder nach einem Sturz auftreten können. Na bitte! Das wird nur eine Hautreizung sein. Wird schon nicht so schlimm sein, dachte ich mir, als ich zur Ärztin ging.

Aber sie war nach der Untersuchung sehr bestimmend: »Sie müssen sofort ins Spital!« Im Büro hatte ich noch nie gefehlt. Als ich dort Bescheid gab, sagte meine Kollegin Nicole noch scherzhaft: »Nicht, dass du Krebs hast!« Und lachte. Ich lachte nicht mit.

Die Barmherzigen Schwestern ließen mich mit Rettungswagen und Tatütata ins AKH einliefern. Die weißen Blutkörperchen, die Leukozyten, hatten einen so hohen Wert, dass ich gleich vier Stunden an einen Filterautomaten, eine Zentrifuge, angeschlossen wurde. In der untersten Etage des Allgemeinen Krankenhauses in Wien.

Mein Bruder besuchte mich dort und ließ es sich nicht nehmen, ein Foto von mir aufzunehmen. Eine Krankenschwester fuhr ihn an: »Sind Sie verrückt, die ganzen technischen Geräte im Raum!« Damals hatten sie noch Angst, dass die elektromagnetische Strahlung eines Handys die medizinische Hardware stören könnte. Trotzdem konnte er knipsen: ich, mit müden Augen im Bett, angehängt an die Maschine – aber immerhin mit erhobener rechter Hand, Zeigefinger und Mittelfinger zum Victoryzeichen gespreizt. Ein Arzt sagte mir und meiner Mama Hilde, die immer dabei war, die Diagnose: Akute Lymphatische Leukämie.

»Woher hast du denn das?«, fragte meine Mutter. »Wie lange dauert das?« Der Arzt räusperte sich und sagte leise: »Mindestens ein Jahr. Wenn's klappt.« Meine Mutter umklammerte das Kreuz ihrer Halskette, ich fing an zu weinen.

Die Akute Lymphatische Leukämie (ALL) ist eine seltene Krebserkrankung und wird auch Blutkrebs genannt, weil sie eine Erkrankung des blutbildenden Systems ist. Dabei entartet eine frühe Vorstufe der Lymphozyten – eine Untergruppe der weißen Blutkörperchen. Und die vermehren sich unkontrolliert. Die Zellen breiten sich schnell im Knochenmark aus und werden über das Blut und das lymphatische System im Körper verteilt. Sie behindern die Bildung gesunder Blutkörperchen.

Mit Standardchemotherapien und Stammzellentransplantationen bestehen heute durchaus Chancen auf eine vollständige Heilung. Bleibt die Erkrankung unbehandelt, führt sie binnen weniger Wochen zum Tod. Die Chancen, diese Krankheit zu überleben, liegen zwischen weniger als 10 bis über 50 Prozent. Die Aussicht auf Heilung hängt von verschiedenen Risikofaktoren ab. Daraus lässt sich eine Prognose erstellen, wie gut ein Patient auf eine Therapie reagieren wird und wie hoch die Wahrscheinlichkeit ist, dass er einen Rückfall erleidet.

Die Ärzte hatten mir eine Überlebenschance von fünf Prozent gegeben. Ich war völlig am Boden. Ein Jahr lang Spital.

Fünf Prozent Leben.

Fünfundneunzig Prozent Tod.

Die Mathematik stand eindeutig gegen mich.

Das Schicksal hatte mich an die Wand gestellt und die Lafetten auf mich gerichtet.

Gleich in der ersten Nacht kam eine Burgenländerin in das Mittelbett meines Dreibettzimmers. Sie wurde an vier Flaschen angehängt. Die Flüssigkeit in einer war giftgrün, die in einer anderen toxisch gelb. Eine halbe Stunde später standen 14 Leute im Zimmer. Mit Schnaps und Essen. Die machten eine richtige Party. Das fängt ja gut an, dachte ich mir. Eigentlich wollte ich nur Ruhe haben und schlafen. Und teilte das auch den Angehörigen mit. Eine Frau kam zu mir: »Die Dame wird in den nächsten Tagen sterben. Sie war in ihrem ganzen Leben noch nie beim Arzt. Wir feiern mit ihr den Abschied.« Geht das? In einem Zimmer im AKH? Ich drehte mich um und zog mir den Polster übers Ohr. Wie ein Kind, das die Augen schließt und denkt, es sei unsichtbar.

Bei der Visite am nächsten Tag wurde mir dringend geraten, einen Stammzellenträger zu finden. Wo gibt's den?, fragte ich mich. Ein Test ergab, dass mein Bruder nicht kompatibel war. Mein Vater und meine Mutter waren schon zu alt. Eine zwölf Monate dauernde Therapie wurde gestartet. Dabei ist übrigens die Induktionstherapie, also die erste Phase von therapeutischen Maßnahmen zur Behandlung einer Krankheit, für den Patienten eine besonders belastende und gefährliche Zeit. Meine Leukämie hatte die Blutbildung bereits beeinträchtigt. Durch die intensive Chemotherapie wird sie nochmals gestört, hörte ich. Nebenwirkungen können auftreten, hieß es, und es besteht eine hohe Blutungs- und Infektionsgefahr.

Das beginnt mit der Zerstörung der Zellen. Dann werden sie wieder aufgebaut, wieder zerstört und so weiter. Das bedeutete aber auch: jedes Mal 24 Stunden an drei Tropfen zu hängen. Die Ärzte sagten mir mit einem Lächeln im Gesicht: »Wenn jeder einzelne Knochen schmerzt, ist das ein gutes Zeichen.« Zwölf Zyklen standen auf dem Plan. Und siehe da: Die Zellen in meinem Körper bauten sich positiv auf.

Zeit, das Zimmer zu wechseln. Ich wurde verlegt, bekam Bett Nummer drei. Das Bett beim Fenster. Das mittlere war mir glücklicherweise erspart geblieben.

Nach einer Weile gewöhnte ich mich an den Krankenhaustagesablauf, kannte die Namen der Schwestern, der Ärzte, wusste, wann wer Dienst hatte. Ich gehörte schon fast zum Inventar. Alles plätscherte dahin. Ich machte neue Bekanntschaften. Wenn man nichts anderes hat als ein Bett und eine Krankheit, dann ist jedes neue Gesicht ein Lichtblick. Emmerich und Hans waren zwei Mitpatienten, die ich oft im TV-Raum traf. Beide hofften, endlich eine gute Kurve ihrer Leukozyten zu erreichen. Aber es tat sich bei beiden nichts. Was sagt man dann? Ich versuchte, ihnen gut zuzureden: »Es wird schon, Rote-Rüben-Saft trinken wie ich, das erinnert ans Blut. Glück auf!«

Beiden wurde Ausweglosigkeit prophezeit. Das Ende in Sicht.

Hans versuchte es mit TCM, Rübensaft, Wurzeln aller Art, um die Kurve wieder hochzubringen. Er wollte partout nicht sterben. Emmerich wirkte zuversichtlich, bis ich mit seiner Frau sprach. Sie erzählte mir, dass er sich aufgegeben hatte und draußen noch einiges regeln wollte.

Erstaunlicherweise sind die, die sich aufgegeben haben, zuversichtlich. Sie wissen, dass sie sterben, und finden zu einer inneren Ruhe. Die meisten wollen noch einmal ans Meer. Möchte ich noch einmal ans Meer? Werde ich es noch einmal sehen? Solche Fragen stellt man sich in diesem Zustand.

Ich kam in ein anderes Zimmer. Ein Zimmer mit Fernseher. Gerade als ich mich beim Fernsehprogramm durchgesetzt hatte – ich wollte die Folge von Sturm der Liebe keinesfalls verpassen –, stolzierte ein Arzt herein. »Schalten Sie den Fernseher aus, wir machen eine Knochenbiopsie. Rücken oder Brust?« Ich entschied mich für den Rücken.

»Wir sind eine Meduni, eine medizinische Universität«, sagte der Arzt. »Unser Praktikant wird die Punktion vornehmen. Wir holen ein Stück Knochen heraus, den kann man leider nicht betäuben. Sie können gern schreien – wie die andern auch.«

Ich werde mit Sicherheit nicht schreien. Schmerz ist fein, Schmerz hilft mir – ich steh drauf. Einreden hilft, dachte ich mir.

Heute weiß ich nicht mehr, ob mir der Arzt Angst machen wollte oder ob vielleicht doch ein bisschen Mitleid in seinen Worten lag: »Sie werden Ihr Leben lang Biopsien machen müssen.« Der Stich in den Rücken war schmerzhaft. Deshalb wollte ich beim nächsten Mal die Brust ausprobieren. Aber das war richtig schmerzhaft; noch dazu sieht man die riesige Spritze, wie sie immer näher kommt und dann zusticht. Nie wieder vorne. Das ist nicht auszuhalten.

Einige Wochen später kam ich wieder in ein neues Zimmer. Suchte mir wieder das Bett mit Meerblick aus. In Wien. Aber mit Tisch und zwei Sesseln. Die Ecke gehörte nur mir. Nach drei Monaten verlor ich meine Haare. Überall lagen Büschel herum. Ich ließ mich kahl rasieren. Meine Mutter häkelte Hauben für mich und sagte immer: »Wirst sehen, nachher hast du doppelt so viele Haare.« Heute weiß ich, dass das eine weitverbreitete Lüge ist.

Ins Mittelbett kam eine Nonne. Sie stöhnte den ganzen Tag und die Nacht hindurch. Am nächsten Tag wurde die Gottesfrau abgeholt, um im Kloster zu sterben. Danach kam eine junge Mutter in das Zimmer. Ihre Kinder durften nicht zu ihr, denn Kinder unter 16 dürfen nicht herein, wegen der Infektionsgefahr. Das machte ihr schwer zu schaffen. Sie starb nach drei Wochen.

Ich war noch am Leben. Und gewöhnte mir – nur für mich – wichtige Rituale an. Wenn ich nicht gerade zwei Ständer mit Infusionen herumzuschieben hatte, duschte ich regelmäßig. Jeden Morgen um sechs Uhr. Um die Zeit herrschte herrliche Ruhe. Danach eincremen. Ich zog frisches Gewand an, schminkte mich, ging die Morgennachrichten anschauen und wartete aufs Frühstück. Dann durfte ich den Zeitungsmann nicht versäumen. Ich musste immer Kleingeld dabeihaben. Um die Putzfrau zu schmieren, die Schwestern zu bestechen und die Besucher für Besorgungen einzuspannen. Ich lief nie im Krankenhausnachthemd herum, Straßenkleidung oder ein eigenes Outfit mit Schlafrock darüber fühlten sich viel besser an. Normaler.

Nach sechs Monaten durfte ich einen Nachmittag hinaus, um eine Perücke zu kaufen. Im Geschäft setzte ich einen schwarzen Pagenkopf auf. Der Friseur starrte mich an und sagte: »Nur über meine Leiche.«

Ich sah aus wie eine Playmobil-Figur. Durch das Cortison war mein Gesicht noch aufgedunsener als sonst. Das war mir aber egal. Mit der neuen Frisur ging ich schnurstracks ins Wirtshaus.

Als Gelegenheitstrinkerin konnte ich auch im Spital nicht auf Alkohol verzichten. Wer mich besuchen wollte, musste Sekt oder Rotwein mitbringen. Aus einem Kompott wurde im Nu eine Bowle gemixt. Mein Arzt kommentierte das mit den Worten: »Wenn du dich nicht anspeibst …« Er war eher direkt.

Niemand war gern mit mir im Zimmer. Der Alkoholdunst und vor allem mein dröhnendes Schnarchen machten mich zum Albtraum. Tagsüber war ich beliebt. Meine Späße, das Aufmuntern und Zuhören gefielen allen. Aber sonst hieß es: »Bitte nicht zur Gabi ins Zimmer.«

Ich schlief immer gut, Rohypnol, Sekt und Ohrstöpsel halfen wunderbar.

Die Zerstörung meiner malignen Zellen lief ebenso wunderbar, genauso stetig ging es mit mir wieder nach oben. Das merkte ich auch am Appetit. Außer mir hatte niemand Appetit. Auf der ganzen Station niemand. So viel wie damals habe ich nie wieder gegessen.

Eines Morgens hatte ich schwere Schluck- und Halsbeschwerden. Eine außergewöhnliche Herpes-Sepsis hatte sich in meinem Rachen ausgebreitet. Das war furchtbar schmerzhaft. Die Morphiumdosis wurde erhöht. Ein Arzt meinte: »Mit ihrer Menge Morphium könnte man die Drogenabhängigen vom ganzen Karlsplatz versorgen.«

Für die Meduni war meine Herpes-Sepsis ein einmaliger Fall. Zehn Studenten begutachteten meine weißen Watteflocken in Mund- und Rachenhöhle. Sie fotografierten und machten entsetzte Gesichter. Für mich war das weniger fein. Ich konnte nicht einmal Wasser trinken. Nach zehn Tagen hatte ich ordentlich abgenommen.

Durch die tägliche Blutabnahme hatte ich keine guten Venen mehr, wie man mir sagte. Ich bekam einen zentralen Venenkatheter (kurz: ZVK) am Hals mit fünf Zugängen. Der war wahnsinnig störend, besonders beim Schlafen. Die Zytostatika-Abgabe wurde verstärkt. Manche Patientinnen verhängten das gelbgrüne Giftsackerl mit Tüchern. Ich wollte sehen, wie die »narrischen Schwammerl« in mich hineingepumpt werden. Sie halfen mir ja.

Ein Busunternehmer wurde als geheilt entlassen und fuhr danach sofort mit Reisenden nach Italien. Das bedeutete für ihn: Kofferschleppen, Stress, Hitze. Vier Wochen später war er wieder auf der Station und starb zwei Tage darauf. Multiples Organversagen. Daran sind die meisten gestorben.

Ich freute mich auf neue Gesichter. Auch wenn das hieß, dass die meisten die Zeit im Spital nicht überleben würden. Eine Vierzehnjährige wurde in mein Zimmer verlegt. »Hast du keine Begleitung?«, fragte ich sie. Sie antwortete mit hängendem Kopf: »Nein, meine Mama ist letzte Woche beim Fensterputzen in den Innenhof gestürzt. Sie war Putzfrau.« Die kleine Jana war so unglaublich tapfer. Ich war richtig traurig und nahm sie eine Zeit lang unter meine Fittiche.

Dann kam ich in ein Zweibettzimmer. Neben mir eine junge Mutter. Und ein reizender Gatte, der jeden Tag stundenlang bei ihr war. Sie gingen Händchen haltend am Gang spazieren. Julia, die junge Mutter, verstarb schon bald an einer schweren Sepsis.

Dafür zog Katrin bei mir ein. Bei mir in meine Bude. Sie war eine lesbische Studentin. Sie und ihre schwangere Freundin lagen zu zweit im Bett und alberten herum. Beide waren entzückend und lernten für den Magistertitel. Eine Zeit lang hatten wir eine richtige Gaudi. Bis sich beide eines Tages von mir verabschiedeten. Bald darauf kam mich nur die junge Lesbenmama besuchen und erzählte, dass Katrin gestorben sei.

Ich stumpfte ab. Der Tod verlor seinen Schrecken. Man gewöhnte sich daran.

Den Sommer über wurde die Hämatologie-Abteilung geschlossen. Ich kam auf die Onkologie. Dort gab es zwar die gleichen Zimmer, aber weniger Personal. Das war ungemütlicher. Meine Ärzte waren alle im Urlaub. Im Dreierzimmer lag eine sechzigjährige Pensionistin, die sich auf ihr neues Leben draußen freute. Eines Tages saßen wir in meiner Ecke und sie zeigte mir Kataloge. Wir suchten gemeinsam schöne Dinge aus. »Das schaut doch richtig gut aus, was meinst, Sonja?«, fragte ich. Keine Antwort. Ich schaute sie an. »Sonja? Was ist mit dir?« Mitten in den Träumen vom neuen Leben mit all den neuen Dingen war sie entschlafen.

Dann ging es mit mir bergab. Auf dieser Station fiel ich ins Koma. Ein Organversagen drohte. Meine Mutter kam um zwei Uhr nachts. Mein Bruder war in Rom, mein Freund in Israel, in der Grabeskirche. Sie alle beteten. Ich hatte absurde Visionen: dass im verbotenen neunten Stock ein Drogenlabor sei oder ein Pferdestall. Dann kann ich mich an Waschmaschinen erinnern, an Ameisen und ein grelles Licht. Es heißt ja immer, dass im Moment des Ablebens ein Film abläuft. Eine Art High-Speed-Video-Recap des Lebens. In meinem Film kamen keine Menschen vor.

»Gabi, was machst du denn, wo bist du? Komm endlich nach Hause! Die Leute glauben, dass du nasse Wände daheim hast.« Die Worte meiner Mutter holten mich wieder zurück. Diese Worte werde ich nie vergessen.

Nach 26 Ganzhirnbestrahlungen waren alle entarteten Blutzellen im Gehirn zerstört. Nach der Therapie hatte ich allerdings das Fatigue-Syndrom. Das ist vergleichbar mit Long Covid. Man ist vergesslich, müde, antriebslos, meidet den Umgang mit Menschen. Es ist unmöglich, den vorher gewohnten täglichen Rhythmus wieder aufzunehmen. Ich versuchte, wieder zu arbeiten, aber das war unmöglich. Ich war zu unkonzentriert. Die Kollegen waren zu nervig, die Welt war zu laut.

Ich bin privilegiert. Habe keine Kinder, keine Haustiere, keine Verpflichtungen. An diesen Alltagssorgen sind viele gescheitert. Sie machten die Frauen noch kränker, vor allem wenn sie keine familiäre Unterstützung hatten. Kinderbesuchsverbote und Existenzängste sind tödlich. Ich hatte keine nervigen Besuche. Es zieht dich nur hinunter, wenn die Besucher über ihr Leben jammern, dass sie jetzt allein sind und alles selbst machen müssen. Niemand hat eine Vorstellung vom Alltag auf einer Krebsstation. Man sollte sich nur auf sich selbst konzentrieren, egoistisch sein und die Außenwelt vergessen.

Ich glaube nicht, dass ich noch am Leben wäre, wenn ich mich gefragt hätte: warum ich? Was habe ich falsch gemacht? Ich versuchte immer, positiv zu denken, von einem Tag auf den andern.

Bis heute muss ich zweimal jährlich zur Kontrolle ins AKH.

Die höchste Gefährdung liegt – meiner Meinung nach – im zentralen Venenkatheter. Der wird zu selten gewechselt, was eine Infektion begünstigen kann. Krankenhauskeime und Multiorganversagen haben die meisten meiner Mitpatienten dahingerafft. Auch der Übermut nach der Genesung. Und der damals übliche zu lange Spitalaufenthalt. Mittlerweile gibt es Medikamente, eine ambulante Tagesstation, kein Bett auf Dauer. Die Chancen stehen besser als fünf Prozent.

Ich heiße Gabi Rom. Vor 14 Jahren haben mich die Ärzte zum Tod verurteilt. Heute bin ich geheilt. Ich habe mich geheilt und der liebe Gott muss auch etwas damit zu tun gehabt haben. Seit damals schmeckt das Leben anders. Ich koste jeden Tag aus, jeden Augenblick. Wie das größte Geschenk überhaupt.

Ich lebe. Ich lebe.

Der innere Arzt hört immer zu

Das einfachste und einprägsamste Warnsignal, das der Körper aussendet, ist der Schmerz. Wenn irgendwo etwas nicht in Ordnung ist, führt der Schmerz uns dazu, dass wir unser Verhalten ändern. Deswegen berühren wir die heiße Herdplatte kein zweites Mal. Das Gleiche gilt für Müdigkeit, Antriebslosigkeit, Stimmungsschwankungen oder vielleicht auch Übelkeit. Viele Symptome zeigen uns, dass im Körper etwas nicht funktioniert. Das ist nicht unbedingt die innere Stimme. Aber dass der Mensch Selbstheilungskräfte besitzt, ist unbestreitbar. Unser ganzer Körper ist auf Selbstheilung ausgerichtet. Eine Entzündung beispielsweise ist nichts anderes als eine Abwehrreaktion des Menschen etwa auf pathogene Keime, chemische, physikalische oder sonstige Ursachen. Die Entzündung per se ist nichts Krankhaftes, sondern nur eine Reaktion auf einen schädigenden Reiz.

Das Gleiche gilt für viele andere Selbstheilungsprozesse. Wenn man sich beim Karottenschnippeln in den Finger geschnitten hat und blutet, wird sich die Wunde mit der Zeit zusammenziehen und heilen. Nach ein paar Tagen ist von dem Schnitt nichts mehr zu sehen. Auch eine Verkühlung kuriert der Körper selbstständig aus und er lässt sogar gebrochene Knochen wieder zusammenwachsen. Der Körper ist ein Paradebeispiel dafür, wie selbstorganisierende Systeme funktionieren. Sie bündeln ihre Kräfte und tun alles, um das Problem zu beseitigen.

Nehmen wir ein Stück Fleisch. Ein schönes Stück, etwa ein Kilogramm schwer. Das legen wir auf den Balkon. Dort liegt es zwei Tage lang in der Sonne. Was wird passieren? Es wird verrotten. Natürlich. Weil das Steak keine Selbstheilungskräfte mehr hat. Deswegen kann es auch nicht anders, als zu verrotten. Es ist der Umwelt auf Gedeih und Verderb ausgeliefert.

Betrachten wir dagegen ein gesundes Tier, das in der Sonne herumspaziert und dasselbe Stück Fleisch noch in seinem Körper hat. Natürlich wird das Tier wunderbar mit der Situation fertig, weil es noch über die selbstheilenden Kräfte verfügt, die verhindern, dass es verrottet.

Beim Menschen ist es nicht anders. Wenn unser Gehirn ein Signal bekommt, dass irgendwo im Körper etwas nicht stimmt, aktiviert es Selbstheilungskräfte. Eine Heerschar von Miniaturärzten, die jedes Molekül im Körper mit Vornamen kennen. Und sie beginnen gleich zu arbeiten. So werden die Zellen des Körpers ständig erneuert, ohne dass wir es bemerken. Da wird geputzt und gescheuert, da werden mikrobiologische Wunder vollbracht. In Nanosekunden.

Einer der Nachteile der selbstheilenden Kräfte ist, dass sie nicht so rasant wirken, oft Eigeninitiative verlangen und keine Lobby haben. Weil es niemanden gibt, der damit ein Geschäftsmodell aufziehen und Geld verdienen kann.

Wir pendeln ständig zwischen Krankheit und Gesundheit. Das ist kein binärer Zustand, kein entweder 0 oder 1. Zu einer Krankheit kommt es, wenn die Selbstheilungskräfte des Körpers überfordert sind, durch dauerhaften Stress, starke Gifte – oder Tumore: In diesen Fällen reicht die Selbstheilungsfähigkeit oft nicht mehr aus, um wieder gesund zu werden.

Wenn wir unsere metabolischen, antioxidativen und entzündungshemmenden Mechanismen nutzen, werden viele Gefäßerkrankungen, degenerative Erkrankungen, chronische Schmerzen gerade in ihrer Häufigkeit drastisch abnehmen. Selbstheilungskräfte sind der Schulmedizin insofern überlegen, als dabei die richtige Dosierung in der richtigen Kombination genau zum richtigen Zeitraum freigesetzt wird. Das wird man mit einer Pharmakotherapie derzeit und auch in absehbarer Zukunft nicht erreichen können. Der Körper ist effizienter als jedes Medikament.

Ein wunderbares Beispiel dafür ist das Zytokin Interleukin-6. Das hat, wenn es aus der Muskulatur kommt, entzündungshemmende Eigenschaften. Jetzt könnte man sagen, warum soll man sich anstrengen, um eine Interleukin-6-Produktion zu verzehnfachen oder zu verhundertfachen, wie es beim richtig dosierten Laufen der Fall wäre. Das ist einfach zu mühselig. Die Pharmaindustrie soll das synthetisieren und wir injizieren es uns. Doch das hätte zur Folge, dass genau das Gegenteil erreicht wird: Es wäre entzündungsfördernd.

Die entzündungshemmende Wirkung des Interleukin-6 durch die Muskulatur kommt dadurch zustande, dass auch andere Mediatoren beigesetzt werden, die konvertieren ein eigentlich proinflammatorisches Interleukin-6 mit einem antiinflammatorischen Interleukin-6-Chromosom. Klingt etwas kompliziert und bedeutet: Damit werden die Selbstheilungskräfte des Körpers imitiert. Durch pharmakologische Eingriffe kann man entweder Nebenwirkungen in Kauf nehmen oder vielleicht sogar, wie das Beispiel Interleukin-6 zeigt, das glatte Gegenteil davon erreichen, was die Muskulatur-Aktivität kann. Die Selbstheilungskräfte sind also schon wunderbar auf die Bedingungen des Körpers abgestimmt. Sie haben genau die richtigen Kombinationen an Substanzen mit der richtigen Dosierung, mit dem richtigen Zeitverhältnis, was man mit einer Pharmakotherapie, einer externen Zuführung von Substanzen, nicht nachahmen kann.

Heilung beruht auf drei Faktoren: Der erste steht dafür, was der Arzt mit dem Patienten macht, von der Diagnose über Röntgenbilder bis hin zur Operation. Der zweite Faktor umfasst alles, was der Patient vom Arzt bekommt, ob Medikamente, Therapien oder Hilfsmittel. Und der dritte Faktor ist die Selbstheilungskraft des Patienten. Die intrinsische Magie.

Der Mediziner sollte darauf achten, was den inneren Arzt eines Patienten behindert – und was ihn fördert. Er muss einen ganzheitlichen Blick auf die Lebensumstände des Betroffenen haben, ihn unterstützen und ermutigen, auch bei der Wiederherstellung des sozialen Alltags. Der innere Arzt zielt dabei auf die enge Verflochtenheit zwischen Geist und Körper und berücksichtigt insbesondere, auf welche Weise mentale und psychische Faktoren Einfluss auf die Gesundheit nehmen.

Eine gute Medizin stellt den Patienten mit all seinen Ressourcen in den Mittelpunkt: Ihr Anliegen ist es, beim Betroffenen die Überzeugung zu wecken, dass er selbst viel Gutes für seine Gesundheit bewirken kann.

Wir wissen beispielsweise, dass jemand, der Sport betreibt, nicht nur seinen Körper stärkt, sondern gleichzeitig das Belohnungssystem in seinem Gehirn aktiviert: Es schüttet Botenstoffe aus, die Angst und Stress reduzieren, nebenbei den Blutdruck senken und Entzündungsprozesse bremsen. Der Betroffene setzt die körpereigene Apotheke in Gang. Man kann als Patient also schon mit einer simplen Maßnahme wie Bewegung enorm viel für sich tun; niemand ist ausschließlich von der Medizin abhängig.

Insgesamt gibt es fünf Mittel, um die Selbstheilungskräfte zu stärken. Neben ausreichend Bewegung sind das: gesunde Ernährung, ein stressreduzierendes Verhalten, regelmäßige Entspannung und ausreichend Schlaf. Hat man alles schon irgendwo einmal gehört, befolgt wird es trotzdem nicht. Der Mensch macht lieber Harakiri in Zeitlupe.

Schlechte Schlafqualität und Schlafmangel führen zu einer Reihe von entzündlichen Prozessen, weil Stoffwechselprodukte und Amyloide, die letztendlich das Gehirn schädigen, nicht durch das sogenannte glymphatische System abtransportiert werden können.

Bei der Fragestellung »Was war zuerst da, die Depression oder der Schlafmangel?« zeigte eine Studie an Zwillingen eindeutig, dass Schlafmangel zu psychischen Problemen bis hin zu Depressionen führt.

Um die Menschen für den Sport zu motivieren, hat die österreichische Schmerzgesellschaft die Aktion BEWEG DICH! move4you ins Leben gerufen: https://www.oesg.at/fuer-patienten/beweg-dich-move4you/index.html#

Was die Lebenserwartung betrifft, rangiert Österreich weltweit im Spitzenfeld. Nur bei der Anzahl der gesund zugebrachten Lebensjahre liegen wir deutlich unter dem EU-Schnitt. Das Austrian Institute for Health Technology Assessment (AIHTA) hat aufgezeigt, dass Frauen im Durchschnitt 58 gesunde Jahre erleben, Männer 57. Der europäische Durchschnitt hingegen liegt bei 65 beziehungsweise 64 Jahren. Das heißt, die tatsächlich in Gesundheit verbrachten Jahre – frei von Krankheit oder körperlichen Einschränkungen – sind viel weniger.

So trägt der Lebensstil zur Selbstheilung bei

Es ist seit Langem bekannt, dass mehr als 80 Prozent aller Diabetes-Typ-2-Erkrankungen mit dem Lebensstil zusammenhängen. Oft führt die Krankheit zu einer deutlich reduzierten Lebenserwartung. Die Lebensqualität sinkt, es kommt zu dramatischen Begleiterkrankungen bis hin zur Erblindung oder Amputation von Gliedmaßen. Will niemand hören, ist aber so.

Solange die Begleiterscheinungen eines Diabetes noch nicht stark ausgeprägt sind, kann der Mensch als Patient sehr wirksam gegensteuern. Das heißt, wer gesund isst, Sport macht, Stress vermeidet und lernt, sich zu entspannen, kann die Erkrankungssymptome in der Regel deutlich mildern – und in manchen Fällen ist sogar eine Heilung möglich. Das gilt auch für andere große Zivilisationsleiden wie Herz-Kreislauf-Erkrankungen, viele Schmerzzustände, Magen-Darm-Störungen oder Übergewicht.

Übermäßiger Stress ist der größte Saboteur der Selbstheilung; ihn gilt es zu verhindern. Dazu muss man wissen, dass Stress evolutionär eine Reaktion auf eine lebensbedrohliche Situation ist: Der Mensch zieht die Schultern hoch, um das Genick zu schützen, was zu Verspannungen führt. Man aktiviert die Rumpfmuskulatur, um die Organe zu schützen, kann dadurch nur noch flach und schnell atmen. Man beißt die Zähne zusammen, um das Gebiss zu schützen. Das Blut verdickt sich, damit man bei einer Verwundung nicht verblutet. Die Verdauung kommt zum Erliegen. Und das Stresshormon Cortisol gibt Kraft für Kampf oder Flucht, unterdrückt aber das Immunsystem.

Normalerweise beruhigt sich der Körper nach einer akuten Stressphase wieder. In den meisten Fällen haben wir es heutzutage mit psychosozialem Stress zu tun, im Büro oder auch in der Familie. Die Hektik ist nicht auf einzelne Situationen begrenzt, sie wird schnell zur Dauerbelastung. Überall Verwerfungen, Druck, immenser Druck. Der Körper befindet sich dann langfristig im Ausnahmezustand. Eine vollständige Regeneration erfolgt kaum mehr. Und viele Menschen sind sich dessen nicht einmal bewusst. Stress ist für sie ein Statussymbol, das sie stolz zur Schau tragen wie das Goldene Ehrenzeichen für Verdienste um die Republik Österreich.

Woher kommt die mentale Kraft?

Auch der Geist, die mentale Aktivität, die in den Nervenzellen abgebildet wird, ist eigentlich etwas Körperliches. Der Denkvorgang lässt sich nur nicht mit Röntgenbildern oder anderen Verfahren erfassen. Natürlich ist die mentale Stärke ganz entscheidend für die Selbstheilungskräfte des Körpers. Der Glaube an die Wirksamkeit ist notwendig, um uns zu motivieren und die Selbstheilungskräfte zu nutzen. Das Vertrauen in die eigene Therapie ist bei der Selbstheilungskraft mindestens genauso wichtig wie das Vertrauen in den behandelnden Arzt. Ein charismatischer Arzt kann die Therapiestärke verbessern. Der eherne Glaube aber heilt umfassend.

Egal, ob es um eine physikalische Therapie, eine Chemotherapie, eine Pharmakotherapie oder die Selbstheilungskräfte des Körpers geht, wir brauchen immer die Gewissheit, dass das, was wir therapeutisch einsetzen, sinnvoll ist; nur dann kann es tatsächlich wirken. Ansonsten wäre es vergebene Mühe. Weil niemand Änderungen des Lebensstils in Kauf nimmt, wenn er nicht davon überzeugt ist, dass es etwas nützt und hilft.

Die mentale Stärke ist eine zentrale Säule bei allen Formen der Therapie, das Vertrauen in die Wirksamkeit der Therapie unverzichtbar. Gute Gedanken als Motor für den Heilungsprozess. Der Kopf muss sich ganz sicher sein, dass das, was der Körper tut, gut ist. Diese Überzeugung kann Wunder wirken, wie wir anhand einiger Fallbeispiele, Interviews und Erfahrungsberichte in diesem Buch noch sehen werden. Dabei kommen ganz unterschiedliche Menschen zu Wort.

Im Kopf sitzt der beste Primar der Welt.

Ein Placebo ist ein wunderbares Beispiel, das zeigt, wie wichtig es ist, der Wirksamkeit einer Therapie zu vertrauen.

Ein Placebo ist bekanntlich ein Scheinmedikament. Es enthält keinen Arzneistoff und hat keine pharmazeutische Wirkung. Sogar für die Pharmaindustrie ist es schwierig, die Placebowirkung mit ihren Medikamenten zu schlagen.

Es gibt Studien, die zeigen, dass sich selbst bei hochwirksamen Medikamenten wie Opiaten in der Schmerztherapie die Änderung des Erregungsmusters im Gehirn durch das Opiat nicht stark von jenem des Placebos unterscheidet. Das Placebo vermag bereits viele Veränderungen in der Informationsverarbeitung des Gehirns zu vermitteln, wie dies bei Opiaten beobachtet wird. Selbst bei Opiaten, die pharmakologisch so enorm wirksam erscheinen, ist die Placebokomponente erheblich.

Der Glaube kann nicht nur Berge versetzen, er kann auch Schmerzen nehmen.

Soziale Kontakte stärken die Selbstheilungskräfte

Jemand bräuchte vielleicht mehr soziale Kontakte, als er hat. Der betreffende Mensch leidet darunter, wird depressiv, macht sich Sorgen, hat Schuldgefühle: Warum habe ich nicht die vielen Freunde, die ich mir wünsche? Liegt es an mir? Das sind Stresssituationen und genau die führen unter anderem zu sogenannten Neuroinflammationen. Oder sie bedingen Schlafstörungen, die wiederum ihrerseits Neuroinflammationen auslösen, die allerhand schlechte Einflüsse haben. Ein biochemischer Teufelskreis.

Würde man einem Patienten vermitteln: Du musst sozial eingebunden sein, sonst wirkt das alles nichts, wäre das eine fatale Nachricht. Es ist nicht die soziale Einbindung per se, sondern die Stresssituation, die entsteht, wenn man eben sozial nicht so eingebunden ist, wie es einem persönlich richtig erscheint. Angenommen, jemand hat eine große Familie mit drei Generationen im Haus. Da würde man denken: Der ist sozial wunderbar eingebunden, ein toller Familienmensch. Aber wenn es daheim nur Stress und Streit gibt, ist das Gegenteil der Fall. Der Mensch wäre wahrscheinlich auf einer einsamen Berghütte besser aufgehoben als in diesem Dreigenerationenhaus.

Soziale Kontakte können für den einen gut, für den anderen aber weniger förderlich sein. Die soziale Einbindung, die man anstrebt, stellt für einen persönlich das richtige Maß dar; dann wird es passen.

Gute Gesellschaft ist wie ein Team aus sympathischen Schwestern und Pflegern. Freundschaft hilft, Krisen im Körper zu überwinden. Und die Liebe ist unschlagbar. Sie schafft das, wo alle Therapien versagen. Das Unerklärliche tritt ein. Das Wunder kommt vorbei und weist der Krankheit die Tür. Raus mit dir. Jetzt bin ich da.

*

Wir treffen Dr. Jürgen Sandkühler im Zentrum für Hirnforschung an der Medizinischen Universität Wien. Der Professor zerbricht sich schon lange den Kopf darüber, wie die grauen Zellen auf den Körper wirken. Er selbst wirkt gelassen, trägt einen dunkelblauen Anzug. Wir trinken Cappuccino und reden über dieses Buch.

Herr Professor Sandkühler, gibt es im Kopf so etwas wie eine innere Stimme, die sagt, jetzt ist etwas falsch bei mir?

Ob man das als innere Stimme bezeichnen sollte, weiß ich nicht. Auf jeden Fall gibt es Warnsignale, die der Körper an das Gehirn aussendet, wenn etwas falsch läuft. Es sind meist Symptome, die uns zeigen, dass etwas nicht funktioniert.

Eine innere Stimme resultiert eher aus unserer Geschichte, unserer Kultur. Wenn wir uns nicht so verhalten, wie es der aktuellen Empfehlung entspricht. Wir bewegen uns zu wenig, wir essen vielleicht nicht immer die richtigen Sachen, wir trinken zu viel vom guten Rotwein. Dann bekommen wir ein schlechtes Gewissen und sagen: Ich müsste eigentlich mehr machen; aber das ist eine andere Geschichte, das ist etwas Kognitives und nicht etwas, das vom Körper als Signal, als Stimme ausgeht. So eine wispernde, uns im Hintergrund warnende Stimme würde ich nicht erkennen, aber handfeste Symptome, dass etwas nicht in Ordnung ist, sind uns allen geläufig.

Wenn der Mensch krank ist – reicht ein Medikament oder soll man Hirn und Körper die Arbeit machen lassen?

Die Selbstheilungskräfte sind unbestreitbar. Unser Körper ist darauf ausgerichtet. Für mich ist die Frage: Welche Rolle spielt im modernen Gesundheitswesen die richtige Balance zwischen den Dingen, die die medizinische Industrie anbietet, und den Selbstheilungskräften? Das ist eine Frage der Kultur und eine Frage der eigenen Einstellung. Nachteil der selbstheilenden Kräfte ist, dass sie oft Eigeninitiative verlangen.

Wird es in naher Zukunft gelingen, diese Selbstheilungskräfte künstlich herzustellen?

Nein, das wird möglicherweise nie gelingen. Die Komplexität der Selbstheilungskräfte ist enorm. Die Dunkelziffer vermutlich noch viel größer. Man kann dem Ziel sicher näher kommen, man kann sie von der Natur abschauen und versuchen sie nachzuahmen, aber sie wirklich zu imitieren und zu ersetzen, das halte ich aus heutiger Sicht für ausgeschlossen.

Wir reden von körperlichen Heilkräften. Reichen sie aus oder braucht man mentale Stärke, um sich zu schützen und gesund zu bleiben?

Das ist eine philosophische Frage. Das Körper-Geist-Problem, die Frage: Ist der Geist getrennt vom Körper, und wenn ja, wie? Ich persönlich habe eine andere Sichtweise auf den Körper. Auch die mentale Aktivität wird ja in den Nervenzellen des Gehirns abgebildet; sie ist also ebenfalls etwas Körperliches. Ich glaube, dass die mentale Stärke ganz entscheidend für die Nutzung der Selbstheilungskräfte des Körpers ist. Der Glaube an die Wirksamkeit der Therapie ist unverzichtbar.

Sie leben für die Forschung. Vertrauen Sie der Ärzteschaft?

Sagen wir es so: Ich weiß, dass Ärzte auch nur Menschen sind, und ich kann mich noch an eine Aussage meiner Mutter erinnern, die jetzt schon lange tot ist. Als ich Medizinstudent war, wurde sie – meines Erachtens falsch – behandelt und da habe ich mich aufgeregt. Wie können die nur! Diese Dummköpfe. Und dann sagte meine Mutter, mit ihren 1,60 Meter ein kleines Persönchen: »Jürgen, weißt du, die können auch nicht alles wissen.« Also sie war die Geschädigte und hatte nie die Einstellung, Ärzte wären Halbgötter in Weiß.

Natürlich kann man den Ärzten vertrauen. Aber ich sage jedem, der mich fragt: Wenn irgendein Arzt dir irgendetwas vorschlägt, musst du bedenken – das ist auch ein Businessmodell. Wenn er sagt, da muss eine neue Hüfte rein oder da muss eine Operation her, dann würde ich sagen, das Minimum ist eine Zweitmeinung, am besten noch eine Drittmeinung von jemandem, der vielleicht nicht operativ tätig ist. Auch der beste, wohlwollendste Arzt hat einen Bauchladen an Möglichkeiten, aus dem heraus er seine Angebote macht.

Und wenn der Bauchladen ausgeschöpft ist, dann reicht er den Patienten vielleicht weiter. Das kennen wir alle und das ist eine natürliche, menschliche Haltung. Nur dort, wo ich mich auskenne, werde ich auch Empfehlungen aussprechen. Obwohl die möglicherweise für den Patienten, der gerade vor mir sitzt, unzureichend sind. Diese menschliche Dimension kann man aus keiner Beratung herausnehmen. Vertrauen ja, aber Kontrolle ist besser.

In der Pandemie hat die Skepsis der Menschen gegenüber der Wissenschaft zugenommen. Vor dem Hintergrund von Fake News, Echokammern und einem Hang zum Uniformismus, der fordert, dass alle Menschen gleich sind und das machen müssen, was irgendwer im Hintergrund steuert, vielleicht unterstützt durch künstliche Intelligenzen. Dass die Gesellschaft praktisch nicht mehr individuell ist, sondern eine Masse aus vielen Individuen. Sehen Sie das auch so?

Ich glaube, das Gegenteil ist der Fall. Jetzt musst du ja, wenn du es wissenschaftlich machen willst, bei der Behandlung deines Patienten nach Studienlage vorgehen. Das heißt, du wirst sagen, die neuesten Empfehlungen bei der und der Behandlung deuten darauf hin, dass dieses Stufensystem bei der Schmerztherapie von neuropathischen Schmerzen am besten funktioniert. Du behandelst jetzt deine Patienten alle gleich, wenn sie deiner Meinung nach die gleichen Symptome haben. Du hältst dich an die Richtlinien.

Die künstliche Intelligenz könnte die individualisierte Medizin auf die Spitze treiben. Denn sie würde berücksichtigen, dass es vielleicht weltweit nur 25 Patienten gibt, die ähnlich sind wie dein Patient. Das heißt, dein Patient wird genau anders behandelt, als du es jemals machen würdest. Aber du kannst diese Informationen nicht selbst sammeln. Es gibt also nur ganz wenige Patienten mit einem ähnlichen genetischen Hintergrund, einem ähnlichen Lifestyle, einem ähnlichen Body-Mass-Index, sprich mit vielen Parametern, die bei der Krankheit alle eine Rolle spielen. Jetzt kannst du punktgenau das Richtige für diesen Patienten machen. Wenn es funktioniert, wird die Datenbasis vergrößert. Wenn es bei deinem Patienten nicht funktioniert, wird die Datenbasis entsprechend angepasst und bekommt eine Red Flag: Schaut her, da müssen wir noch einen weiteren Parameter berücksichtigen, weil es bei diesem Patienten anders war als bei den 25 vorher. Das wird in Zukunft zur Individualisierung und Qualitätssteigerung beitragen.

Wann ist man eigentlich gesund?

Die ganzen Zipperlein, die mit dem Alter kommen, sind in Wirklichkeit keine Krankheit. Wenn man ein bisschen Rückenschmerzen hat oder das Knie beim Bergabgehen wehtut, ist das altersgerecht und meines Erachtens kein Drama, sondern eine Folge des normalen Alterns. Krank ist, wer Einschränkungen im Leben hat, die durch normale Vorgänge wie das Alter nicht erklärbar sind. Und darunter leidet. Ich glaube nicht, dass jemand, der einen Bluthochdruck hat, der von der Medizinwelt als bedenklich eingestuft wurde, oder einen Insulinspiegel, der als pathologisch gilt, automatisch krank sein muss. Ich sehe das kritisch und ebenfalls als eine Frage des medizinischen Geschäftsmodells. Natürlich möchte die Medizinindustrie möglichst viele Patienten erreichen, um sie behandeln zu können. Ob ich jetzt einen Bluthochdruck mit 130/90 unbedingt behandeln muss, möchte ich erst einmal bewiesen sehen. Da ist Vorsicht geboten, dass wir nicht eine iatrogene Definition von Krankheiten machen, also eine ärztlich verursachte, die zwar dem

Geschäftsmodell nützt, aber nicht unbedingt dem Patienten dient.

Krank sein bedeutet also, zu leiden?

Nicht jeder Patient, der ein Risiko trägt – zum Beispiel Fettleibigkeit oder erhöhten Blutdruck und Cholesterin –, leidet. Das heißt, dem Menschen kann es ganz wunderbar gehen, er wird deinen Rat, seinen Lifestyle zu ändern, aber nicht annehmen. Weil er sagt: Es geht mir gut. Wir wissen trotzdem, dass er mit einer hohen Wahrscheinlichkeit später eine koronare Herzkrankheit entwickeln wird. Das Leiden selbst ist daher auch keine eindeutige Definition für Krankheit. Jemand kann schon längst krank sein, ohne zu leiden. Ich würde sagen, wenn jemand unter den körperlichen Veränderungen, die er durchmacht, nicht leidet, braucht es einen guten Grund, ihn als krank zu bezeichnen. Dieser gute Grund geht aus klinischen Studien hervor.

Sie haben Fettleibigkeit erwähnt. In der Pandemie haben viele Menschen zugenommen. Was sagt die Hirnforschung zu Adipositas?

Fettleibigkeit ist einer der Produzenten von Entzündungsmediatoren. Sie wirkt sich als großes Übel auf viele Organsysteme aus, sogar auf die Kognition. Es gibt Hinweise, dass die Gehirnfunktion unter Fettleibigkeit leiden kann. Natürlich Insulinresistenz, Fettmetabolismus, reaktive Sauerstoffradikale. Das viszerale Fettgewebe ist ein, wie ich es genannt habe, körpereigener Giftschrank. Und es ist übrigens auch eine der Wirkungen des Sports, dass dieser Giftschrank verkleinert wird. Die Folgen von Fettleibigkeit können verheerend sein. Covid-Patienten haben wahrscheinlich auch deswegen das Problem, dass ihr Immunsystem nicht so stark geschützt ist.

Wie stärken Sie Ihr Immunsystem?

Bei der Pharmakotherapie gilt oft: dreimal eine Tablette pro Tag. Ich würde, ohne wissenschaftliche Studien dazu zu haben, sagen: Dreimal eine Trainingseinheit pro Woche, 30 Minuten oder eine Dreiviertelstunde moderater Sport, ist ideal. Aber nicht einfach nur wandern zwischen den Weinbergen, von einem Heurigen zum nächsten, sondern richtige Bewegung, sodass man ins Schwitzen kommt. Der Puls muss steigen. Dies sollte am Anfang unter fachlicher Kontrolle von einem Arzt, Physio- oder Fitnesstrainer geschehen. Die häufigsten Fehler machen Leute, die – vielleicht von einem Arzt – motiviert wurden und guten Willens sind. Sie gehen aus der Praxis hinaus und sagen: Ja, cool, ich glaube jetzt an diese ganzen Geschichten. Und dann machen sie zu viel auf einmal, zu schnell. Sie gefährden sich selbst. Sie müssen, zumindest beim Einstieg in das Training, professionell begleitet werden. Man sollte für den Patienten einen angemessenen Trainingsplan entwickeln. Dann dreimal in der Woche Bewegung. Da kann man nichts falsch machen.

Das Hirn gewöhnt sich schnell an diese Routine?

Die gute Regel lautet: mäßig, aber regelmäßig. Es gilt, das Leben so zu gestalten, dass diese Sporteinheiten keine große Bürde sind. Wenn jemand zwischen Kind, Familie und Arbeitsplatz den Sport mit einem Riesenstress irgendwie reinquetscht, dann noch versucht, einen Parkplatz vor dem Fitnessstudio zu finden, und einen Mordsaufwand betreibt, nur um diese drei Einheiten zu schaffen – dann ist das nicht der richtige Weg. Man muss eher versuchen, den Sport spielerisch ins Leben zu integrieren, auf jeden Fall mit Freude, und eine Sportart zu wählen, die einem Spaß macht.

Ist ein Glas Wein am Abend, vielleicht zur Entspannung, schlecht fürs Hirn?

Das ist auch so eine unendliche Geschichte. Wir haben früher gesagt, ein Viertel Rotwein am Tag wäre wunderbar. Dann spielte es auf einmal keine Rolle, ob es Rot- oder Weißwein ist, Hauptsache etwas Alkohol. Und dann kam wieder eine Studie, die besagte: Selbst ein Tropfen Alkohol reduziert deine Lebenserwartung. Da ist das letzte Wort offenbar noch nicht gesprochen. Deswegen mache ich es aus dem Bauch heraus und sage: Dieses Verbissene, dieses Leben nach fremden Regeln, die man zähneknirschend aufnimmt, geht vermutlich schief. Erstens hält man es nicht durch. Und zweitens ist man noch mehr gestresst als ohne diese verhassten Regeln. Ich glaube, jeder Mensch muss etwas finden, mit dem er gut leben kann. Und dazu braucht man einen Arzt, dem man vertraut.

Wie kann man das Hirn überlisten, um gesünder zu leben?

Wenn der Arzt einem Patienten sagt: Schau her, du kannst drei, vier Sachen machen, die alle synergistisch in dieselbe Richtung wirken werden, um deine Neuroinflammation, deine Entzündungswerte, zu verbessern; suche dir selbst die Mischung aus, aber die Maßnahmen sind alle hochwirksam – dann wird dieser das tun. Der Glaube an die Wirksamkeit allein versetzt ja schon Berge. Jemand, der vorher vielleicht etwas zu viel getrunken hat, sagt sich beispielsweise: Gut, ich gebe jetzt das gleiche Geld wie früher für Wein aus, nur kaufe ich mir jetzt einen viel besseren und trinke dafür weniger. Das ist doch schon einmal eine Perspektive, ob man regelmäßig jeden Tag eine Flasche Wein für 8 Euro trinkt oder einmal die Woche eine Flasche für 56 Euro. Der Genuss wird sicher größer sein. Es darf auch einmal vorkommen, dass man bei einer Feier mehr trinkt. Ich glaube, man muss das Maß bewahren und darf nicht zur Maschine werden, die nur nach fremden Regeln agiert und davon ausgeht, dass das Unglück hereinbricht, sobald eine Regel gebrochen wird.

Prost, Herr Professor.

Die zivilisationskranke Gesellschaft

Selbstheilung – was für ein Wort! Wir Ärzte sind dazu verpflichtet, Menschen zu helfen. Aber wir sind nicht verantwortlich für die Heilung. Jedes Therapiekonzept mag schön und gut und richtig sein – wenn der Mensch die Verantwortung an den Arzt abgibt und sich nicht selbst ins Zentrum der Heilung stellt, wird der Erfolg im besten Fall mäßig sein.

Der Arzt heilt nicht, er unterstützt nur.

Der Körper heilt sich selbst.

Die Macht der Gedanken, der gute Glaube, trägt dazu bei. Der mentale Fokus. Ich – werde – gesund. Wer überzeugt ist, dass der Körper das kann, wird in den meisten Fällen recht behalten.

Natürlich braucht es bei schweren Erkrankungen mehr als einen guten Glauben und das verständnisvolle Lächeln der Angehörigen. Trotzdem liegt es am einzelnen Menschen, alles Mögliche in Gang zu setzen, um den Heilungsprozess zu aktivieren und voranzutreiben. Der Körper hat erstaunliche Fähigkeiten, der Geist noch mehr. Doch scheinen diese Dinge in Vergessenheit geraten zu sein. Das System steht im Vordergrund, die Krankenhäuser, die Budgets und die Interessengemeinschaften. Guter Glaube lässt sich nicht so effizient monetarisieren. Beten wäre ja gratis.

Das Gesundheitssystem ist heutzutage so komplex, dass ein Mensch allein es nicht mehr verstehen kann. Es ist geprägt durch spitzenmedizinische Leistungen und Angebotsvielfalt, durch Technologiedominanz und Digitalisierung, durch Verrechtlichung und Dokumentationsexplosion, nicht zu vergessen durch Abhängigkeit von Marktmechanismen und immensen Kostendruck. Ein Moloch aus mehr als 4000 kapitalen Kanälen allein in Österreich, die sich als Netz herausgebildet haben und einer genauen Überprüfung entziehen. Dazu Tausende Verzweigungen, Verästelungen und undurchschaubare Reglements, Kolonnen von Bestimmungen und Erklärungen. Das System lebt und pocht wie ein eigenständiger Organismus. Aber: Es krankt an allen Ecken und Enden.

Dem System allein die Schuld zu geben, wäre jedoch zu simpel.

Unter dem Namen Evidence Based Medicine wurde in den 1990er-Jahren eine Art neue Philosophie der Medizin verkündet. Demnach sollen bei einer medizinischen Behandlung nur solche Maßnahmen für den Patienten getroffen werden, die aus wissenschaftlicher Erfahrung gewonnen wurden. Demgegenüber stehen das Erfahrungswissen des Arztes und das Körpergefühl des Patienten.

Der Mensch wird allerdings zur Maschine reduziert. Man behandelt Zahlen und Laborwerte, stellt Detaildiagnosen und vergisst auf das gesamtheitliche Bild. Hochspezialisierung vergisst auf den Holismus.

Ärztliches Handeln und Entscheiden stellt immer eine Gemengelage von ethischen, sozialen, medizinischen, organisatorischen und wirtschaftlichen Aspekten dar, die gegeneinander abgewogen werden wollen. Was die vielen Herausforderungen der Medizin betrifft, erhalten wir tagtäglich neue Einzeldaten, die wir Ärzte einordnen und in unsere Arbeit einbauen müssen. Und dennoch: Der Umgang mit kranken, multimorbiden Menschen erfordert mehr als nur digitales Basiswissen, mehr als das Wissen um externe Evidence. Aber auch rein interne Evidence, also Wissen aus dem Bauch, Empirie und persönlicher Zugang, werden dem Umgang mit geriatrischen Syndromen nicht gerecht. Vor allem die Intuition, die uns zuflüstert, was richtig oder falsch ist, bleibt dabei auf der Strecke. Der innere Arzt hat seine Ordination geschlossen.

Und derweil klopft der Tod an die Tür.

Laut Statistik Austria starben in den 1980er- und 1990er-Jahren durchschnittlich 85.000 Menschen pro Jahr. Von 2007 bis 2019 betrug die Zahl der Gestorbenen zwischen 74.625 und 83.386 jährlich. 2020 wurden 91.599 Sterbefälle verzeichnet, um 9,8 Prozent – das sind genau 8213 Personen – mehr als im Jahr davor. 2021 waren es in Österreich 90.434 Personen. Das ist zwar weniger als im Jahr davor, aber mehr als in den Jahren vor der Pandemie. Rund neun Prozent starben an Corona.

Eines darf man rund um die Angstmacherei im Hinblick auf das Virus aber nicht vergessen: Es gibt auch noch andere Krankheiten. Die sogenannten Zivilisationskrankheiten werden immer mehr, unaufhaltsam. Die körperliche und geistige Gesundheit ist aus dem Lot. Die Gesellschaft ist zivilisationskrank.

Herz-Kreislauf-Erkrankungen

Die meisten Menschen in Österreich sterben an Herz-Kreislauf-Erkrankungen – rund 30.000 Menschen pro Jahr. Herzinfarkte und Schlaganfälle sind in diese Zahl miteingerechnet. Bei rund 450.000 Personen wurde im vergangenen Jahr eine Herz-Kreislauf-Erkrankung in Haupt- und/oder Nebendiagnosen festgestellt. In allen Altersgruppen weisen Männer eine höhere Erkrankungsrate auf als Frauen. Vor allem Frauen über 65 Jahren und Männer über 45 sind davon betroffen. Das sind viele Menschen, deren Erkrankungen natürlich auch eine Auswirkung auf das System haben, die nicht zu unterschätzen ist. Rund 38.000 Krankenstände und mehr als

1,150.000 Millionen Krankenstandstage lassen sich auf Herz-Kreislauf-Erkrankungen zurückführen. Keine Lappalie.

Die Kosten dafür sind enorm. Bereits 2008 wurden rund 1,3 Milliarden Euro für die Behandlung von Herz-Kreislauf-Erkrankungen aufgewendet. Das waren damals schon rund 13 Prozent der im öffentlichen Gesundheitssystem getätigten Ausgaben. Seither sind die Zahlen eklatant gestiegen, man könnte auch sagen: explodiert.

Was bedeutet eine Herz-Kreislauf-Erkrankung für den Patienten? Verglichen mit Nichtbetroffenen haben Herzinfarktpatienten eine deutlich verminderte Lebensqualität. Die größten Unterschiede zu ihrem früheren Leben betreffen die körperliche Lebensqualität, gefolgt von der psychischen und sozialen Lebensqualität.

Dabei wäre ein Großteil der Herz-Kreislauf-Erkrankungen durch entsprechende Gesundheitsförderungs- und Präventionsmaßnahmen vermeidbar. Aber Vorsorge klingt nur in den Ohren der Gesundheitsapostel gut. Vorsorge kostet Geld und bringt wenig Reputation. Weder politisch noch im elitären Dunstkreis der Ärzteschaft. Vorsorge, ja, ja, heißt es. Eh. Darum muss man sich kümmern, zeitnah. Es ist, als würde man einem Kind sagen, es solle nicht zu McDonald's gehen. Jetzt etwas zu tun, um später keine Probleme zu bekommen, ist irgendwie lästig. Man kann ja morgen damit anfangen oder übermorgen ...

Herzinfarkt

Der Herzinfarkt ist eine der Haupttodesursachen in den Industrienationen. Die Inzidenz beträgt in Österreich jährlich rund 300 Infarkte pro 100.000 Einwohner. In Japan liegt die Inzidenz unter 100. In Skandinavien ist sie mit 300 bis 400 ähnlich hoch wie bei uns.

Männer haben übrigens eine rund 2,5-mal höhere Inzidenzrate als Frauen, ältere Menschen eine deutlich höhere als jüngere. Ein sprunghafter Anstieg der Inzidenzrate ist ab 50 Jahren erkennbar. Frauen haben eine höhere Wahrscheinlichkeit, im ersten Jahr nach einem Herzinfarkt zu sterben.

Aber freilich sterben nicht alle Herzinfarktpatienten. Die Zahl der tatsächlichen Todesfälle ist seit Jahren rückläufig. Starben im Jahr 1991 noch 151 Menschen von 100.000 an den Folgen eines Herzinfarkts, sank die Zahl 2016 auf 55. Die Behandlungsmöglichkeiten sind besser geworden, natürlich auch die Kosten dafür gestiegen.

In der Medizin dreht sich alles ums Geld. Mit Gesundheit oder besser gesagt mit Krankheit lässt sich mehr Profit machen als mit Waffen- und Drogenhandel. Der Reibach reinigt jedes Gewissen und der Kittel bleibt immer weiß.

Schlaganfall

Jährlich erleiden ungefähr 25.000 Österreicher einen Schlaganfall. Das bedeutet: Alle 20 Minuten passiert hierzulande ein Schlaganfall. Die Mortalität hat in den vergangenen 30 Jahren drastisch abgenommen. Die Sterblichkeitsrate ist aber immer noch vier- bis fünfmal höher als in den USA.

Zu beobachten sind deutliche altersbedingte Unterschiede. Während im Alter von 45 bis 54 Jahren nur rund zwei Prozent der Männer und ein Prozent der Frauen von einem Schlaganfall betroffen sind, steigt die Anzahl der Patienten im Alter an. Bei 65- bis 74-Jährigen sind es sechs Prozent, bei den über 75-Jährigen mehr als zehn Prozent der Bevölkerung. Durch die Zunahme des Anteils älterer Personen an der Bevölkerungsstruktur ist mit einem Anstieg der Erkrankungshäufigkeit in den nächsten Jahren zu rechnen. Kurzum, mehr Menschen wird der Schlag treffen.

Krebs
Jährlich erkranken in Österreich rund 40.000 Menschen an Krebs, wobei Männer etwas häufiger betroffen sind als Frauen. Für beide Geschlechter sind bösartige Tumorerkrankungen nach Herz-Kreislauf-Erkrankungen die zweithäufigste Todesursache.

Da die Erkrankung meist im höheren Alter auftritt und die Menschen immer älter werden, wird die Bedeutung der Krebserkrankungen in Zukunft weiter zunehmen. Die Zahl der an Krebs erkrankten Personen soll bis 2030 gegenüber 2014 sogar um 39 Prozent steigen.

Zum Jahresende 2017 lebten in Österreich 357.781 Personen mit der Diagnose Krebs. 2017 starben 2402 Männer und 1472 Frauen an Lungenkrebs. Somit war dies die häufigste Krebstodesursache bei Männern und bereits die zweithäufigste Krebstodesursache bei Frauen in Österreich (insgesamt 19 Prozent aller Krebssterbefälle). Tendenz steigend.

Demenz
Etwa 100.000 Österreicher und Österreicherinnen leiden an einer demenziellen Erkrankung – das sind rund 1,2 Prozent der Bevölkerung. Etwas über ein Prozent ist nicht viel, aber bis 2030 soll die Zahl auf gut 260.000 hochschnellen, denn mit dem Alter steigen auch hier die Inzidenzzahlen.

Bei Alzheimerkranken sind typische Eiweißablagerungen, sogenannte Amyloid-Plaques, im Gehirn festzustellen. Sie stören die Funktion des Gehirns und führen zu Gedächtnis- und Orientierungsstörungen, Sprachstörungen, Störungen des Denk- und Urteilsvermögens und Veränderungen der Persönlichkeit. Diese Dysfunktionen machen die Bewältigung des normalen Alltagslebens im Lauf der Erkrankung immer schwieriger.

Demenz gilt derzeit als unheilbar. Daher wird auch vermehrtes Augenmerk auf die Versorgung demenzkranker Menschen gelegt, obwohl die Krankheit sehr wohl aufgehalten oder verlangsamt werden kann. Es gilt, vorhandene Fähigkeiten so weit wie möglich zu erhalten. Das verringert die Belastungen für die Patienten und ihre Angehörigen und stabilisiert ihre Lebensqualität.

Für demenziell Betroffene stellt jede akute Erkrankung und jeder dadurch hervorgerufene Umgebungswechsel in ein Krankenhaus eine starke Belastung und einen Risikofaktor für die Verschlechterung ihres Gesamtzustands dar. Die unbekannte Umgebung und veränderte Tagesabläufe führen zum Auftreten problematischer Verhaltensweisen. Die Patienten wissen nicht, wo sie sind, verstehen nicht, was mit ihnen geschieht. Sie wollen hinaus aus der neuen Umgebung, wieder nach Hause. Deshalb hören sie nicht auf, das kundzutun, es zu sagen oder zu schreien. Da sich in einem Krankenhaus auch andere Menschen befinden, kommt es meist zum Einsatz sedierender Medikamente. Die Patienten werden ruhiggestellt. Haldol für alle – und die Nachtschicht ist gerettet. Für Menschen mit Demenz ist deshalb das Prinzip »ambulant vor stationär« und »wenn stationär, dann nur so kurz wie möglich« von großer Bedeutung.

In Österreich werden übrigens jährlich rund eine Milliarde Euro für die Versorgung Demenzkranker ausgegeben.

Diabetes

Alle 50 Minuten stirbt in Österreich ein Mensch an den Folgen von Diabetes, also rund 10.000 Menschen pro Jahr. 800.000 Menschen leben in Österreich mit der Diagnose Diabetes, wobei viele gar nicht wissen, dass sie die Krankheit haben.

Diabetes ist eine Stoffwechselerkrankung, die gravierende Folge- und Begleiterkrankungen auslösen kann und im Alter häufig mit Multimorbidität einhergeht, sprich mit Begleiterscheinungen anderer Unpässlichkeiten.

Im Durchschnitt wird die Erkrankung erst fünf Jahre nach ihrem Erstauftreten erkannt. Folgeschäden etwa im Herz-Kreislauf- sowie im Nervensystem oder an den Augen und Nieren gibt es dann meist schon. Da die Früherkennung in Österreich schlecht funktioniert, wären regelmäßige Blutzuckerkontrollen im Rahmen der Gesundenuntersuchung wünschenswert.

Die Gesamtkosten für die Behandlungen in Österreich betragen rund drei Milliarden Euro pro Jahr, wobei der Großteil dieser Kosten auf die Behandlung der Folgeschäden der Erkrankung entfällt. Prävention ist auch hier nur ein schönes Wort, das nicht mehr als wohlwollendes Kopfnicken auslöst.

Durch gezielte Maßnahmen – ganz einfach ein gesunder Lebensstil – könnte in fast allen Fällen eine Erkrankung vermieden werden, denn im Gesundheitsratgeber der Österreichischen Diabetesgesellschaft (ÖDG) werden Übergewicht und Bewegungsmangel als die wichtigsten Faktoren für die Entstehung des Typ-2-Diabetes (80 bis 90 Prozent aller Zuckerkranken) genannt. Der Mensch sitzt zu viel, der Mensch isst zu viel – so einfach ist das.

COPD

Die chronisch obstruktive Lungenkrankheit ist zurzeit die vierthäufigste Todesursache weltweit. Sie tritt überwiegend bei Rauchern auf. Eine Metaanalyse von Studien, die in den Jahren 1990 bis 2004 in 28 Ländern durchgeführt wurden, zeigt, dass die Prävalenz, also die gesamte Zahl der Krankheitsfälle in einem bestimmten Zeitraum, bei Rauchern und Ex-Rauchern wesentlich höher ist als bei Nichtrauchern. Bei über 40-Jährigen ist der Wert höher als bei unter 40-Jährigen und bei Männern höher als bei Frauen. Österreich zählt im europäischen Vergleich zu den Ländern mit den höchsten Raten. Raucher husten auf diese Werte.

Bluthochdruck

120/80 ist ein optimaler Blutdruck für einen jungen Erwachsenen. Eine 2017 im Rahmen der Aktion Messmonat Mai durchgeführte Untersuchung – dabei wurden in 80 Ländern weltweit Untersuchungen vorgenommen – kam in Österreich zu einem erschreckenden Ergebnis. Die Studie, bei der 2711 Personen bei einem Arzt, in einer Apotheke und auf einem öffentlichen Platz eine Blutdruckmessung vornehmen ließen, ergab, dass 43,2 Prozent der unbehandelten Personen und 63,5 Prozent der behandelten Personen zu hohe Blutdruckwerte aufwiesen. Die unbehandelten Personen wussten nichts davon, die behandelten kannten ihre Diagnose bereits. Erhöhter Blutdruck ist weltweit der wichtigste Risikofaktor für vorzeitige Sterblichkeit.

Im Frühstadium verursacht erhöhter Blutdruck selten Symptome und wird daher auch als Silent Killer bezeichnet. Bleibt der Mörder leise und unentdeckt, kommt es zu akzelerierter Atherosklerose und Arteriosklerose (erhöhte Gefäßsteifigkeit), die beide zu Organschäden, beispielsweise an Herz, Gehirn oder Nieren, führen. Die Folgen sind fatal.

Obwohl Bluthochdruck häufig einen genetischen Hintergrund hat, muss es nicht dazu kommen. Denn als Ursache gilt ein ungesunder Lebensstil – wenig Bewegung, Übergewicht, wir kennen das ja.

Frailty

Zu Deutsch »Gebrechlichkeit«. In allen Ländern, zumindest den Industrienationen, steigt die Lebenserwartung und viele ältere Menschen verbringen mehr Zeit bei guter Gesundheit. Allerdings leiden Ältere auch unter Gebrechlichkeit, die als Risikofaktor für Erkrankungen, Behinderungen oder Stürze firmiert.

Als Symptome gelten: Erschöpfung, reduzierte Greifkraft, verlangsamte Gehgeschwindigkeit, geringe körperliche Aktivität und Gewichtsverlust. Frauen sind davon etwas stärker betroffen als Männer.

Auch nehmen gebrechliche Menschen mehr Medikamente ein, stürzen häufiger, beziehen öfter Leistungen aus der Pflegeversicherung. Sie nehmen mehr Medikamente, in dem Glauben, das mache sie gesund.

In den deutschsprachigen Ländern sind etwa fünf Prozent der Bevölkerung 80 Jahre oder älter. Tendenz steigend, was auch bedeutet: Je älter, desto gebrechlicher werden die Menschen. Und das kostet das Gesundheitssystem Milliarden. Damit wir uns richtig verstehen: Man muss mit 90 kein Läufer sein, aber viele alte Menschen kommen von ihrem Fernsehohrensessel nicht mehr hoch. Sie tun aktiv nichts für ihre Gesundheit. Dabei wäre der Weg zu mehr Gebrechlichkeit zum Teil reversibel. Einfach aufstehen und gehen, gehen, gehen, Bewegung machen. Das ist der Lebensmotor.

Multimedikation

Eine unangemessene Verschreibung von Medikamenten bei alten Patienten kann negative gesundheitliche Folgen haben. Besonders betroffen sind Menschen mit Demenzerkrankungen und Heimbewohner. Wir kennen Fälle, in denen einzelnen Pflegepatienten binnen zwei Stunden 15 verschiedene Medikamente verabreicht wurden.

Eine im Mai 2020 publizierte Analyse zeigte, dass die Wirksamkeit der Medikamente bei alten Patienten zu wenig erforscht und geprüft wird. Alte Menschen werden oft von klinischen Studien ausgeschlossen. Aber funktionieren die Organe im Körper eines 85-Jährigen genauso wie bei einem 25-Jährigen? Ein Beispiel: Eine Analyse von Studien zu einer speziellen Substanzgruppe (DPP-4-Hemmer) für die Behandlung von alten zuckerkranken Menschen zeigte ein interessantes Bild: 33 Studien zu dem Medikament wurden gemacht, in 26 Begleiterkrankungen erwähnt. Jedoch sind Frailty (Gebrechlichkeit) und funktioneller Status, also klassische, alte Menschen betreffende Konstellationen, nur in einer einzigen Studie erwähnt. Dennoch scheint das Medikament für alte Patienten mit Diabetes gut geeignet zu sein. Nur: Es fragt niemand, wie's ihnen geht.

Cholesterinsenkung im Alter

Das Suchergebnis in der größten medizinischen Datenbank PubMed ergibt für die Begriffe Statin, ein cholesterinsenkendes Medikament, und Alter 21.500 Ergebnisse. Das heißt, dass zum Thema Alter und Cholesterinsenker mehr als 21.000 Studien veröffentlicht wurden. Dennoch gibt es einen Wissensmangel, wann, in welcher Dosis und bei welcher Befundkonstellation alte Patienten eine fettsenkende Therapie erhalten sollten.

Auch kann die Meinung, dass ein möglichst niedriger LDL-Spiegel im Blut (»schlechtes Cholesterin«) am besten sei, gefährlich sein, da sich in Untersuchungen gezeigt hat, dass bei alten Patienten ein sehr niedriger LDL-Blutspiegel zu vermehrten Hirnblutungen führt. Nie mehr Schweinsbraten? Aber geh!

Die Pharmaindustrie hat jedenfalls gegen alles etwas. Und Statine sind für sie Gelddruckmaschinen in Kapseln. Irgendwann greift fast jeder auf sie zurück und nimmt sie dann bis ans Lebensende.

Das Problem der Therapie mit Cholesterinsenkern ist eine u-förmige Kurve der Dosis-Wirkung-Beziehung. Das bedeutet, dass die Therapie zunächst anschlägt, es aber rasch wieder zur Umkehrung des Effekts kommt. Es ist also nicht alles weiß oder schwarz, sondern beide Farben können zur gleichen Zeit in diversen Grauschattierungen vorhanden sein. Das zu erkennen, die Medikamente dosiert und gezielt einzusetzen, ist ein wesentlicher Bestandteil der ärztlichen Kunst. Jemand, der einfach nur ein Rezept schreibt und sich nie wieder darum kümmert, wie es dem Patienten geht, ist ein schlechter Arzt.

Übrigens: 33.000 Menschen sterben in Österreich derzeit pro Jahr durch Atherosklerose-Erkrankungen. Meist stecken hohe Blutfettwerte dahinter. Das LDL-Cholesterin. 600.000 Menschen haben ein hohes Risiko. Die Behandlungskosten belaufen sich aktuellen Schätzungen zufolge auf eine Milliarde Euro im Jahr. Wie zu erkennen, summieren sich die Beträge mit jeder Wohlstandskrankheit um neun Nullen.

Depressionen

Depressive Erkrankungen sind ein Zeichen unserer Zeit. Zu den Kernsymptomen zählen eine traurige, gedrückte Stimmung oder innere emotionale Leere, Interessenverlust und Freudlosigkeit, verminderter Antrieb, Müdigkeit und Energieverlust. Das kann bald einmal da sein, wenn es draußen regnet oder der Partner stumm im Wohnzimmer sitzt. Jede Depression hat eine lange Vorgeschichte.

Weitere Symptome sind Schlafstörungen, Appetitlosigkeit, körperliche Beschwerden, kognitive Beeinträchtigungen, Gefühle von Wertlosigkeit, Schuld und Hoffnungslosigkeit sowie häufig damit einhergehende Suizidgedanken. Das ist schon gravierender. Wenn die Seele trüb ist wie ein Schotterteich im November, wenn alles dunkel und schwer ist, gerät das Leben schnell zum Albtraum, aus dem es kein Entrinnen gibt.

Jeder vierte Jugendliche in Österreich leidet an einer psychischen Erkrankung. Der Konsum von Psychopharmaka ist zwischen 2005 und 2016 um 60 Prozent gestiegen – und das vor allem bei den Jüngeren. 6,5 Prozent der erwachsenen österreichischen Bevölkerung leiden zu einem bestimmten Zeitpunkt an einer depressiven Erkrankung, wobei Frauen etwas häufiger betroffen sind als Männer. Man greift zu Alkohol, Drogen und niemand merkt das über lange Sicht.

Was die Arbeitslosigkeit von Menschen mit psychischen Problemen betrifft, liegt Österreich europaweit an erster Stelle. Dieser Wert ist seit 2007 um 140 Prozent gestiegen.

Düsternis allerorts. Schwere Stille. Schweigen wie vor einer schwarzen Wand. Depression bei alten Menschen bleibt meist unerkannt und unbehandelt. Häufig sind Symptome wie Klagsamkeit, hypochondrische Befürchtungen, Reizbarkeit oder Verlangsamung und Apathie zu beobachten. Und die Menschen wollen sich umbringen. Bei Männern über 70 gibt es eine erhöhte Suizidrate, wobei Österreich bei der Suizidrate generell über dem OECD-Durchschnitt liegt.

Zur Behandlung von Depressionen wird eine Kombination aus pharmakologischer und psychotherapeutischer Therapie eingesetzt. Sagen wir Ärzte. Mit den Medikamenten wird das verabreicht, was durch einen gesunden Lebenswandel »normal« dem Körper gegeben wird – Serotonin, Noradrenalin oder Dopamin. Der wichtigste Wirkfaktor für den Therapieerfolg ist die Therapeut-Patient-Beziehung. Allerdings lässt sich selbst damit eine bereits bestehende Depression nur um bis zu 20 Prozent reduzieren. Daher ist das Interesse an effektiven Präventionsmaßnahmen, die zu einem früheren Zeitpunkt ansetzen, entsprechend groß. Das Einsparungspotenzial bei den Folgekosten psychischer Krankheiten durch präventive Maßnahmen liegt bei jährlich 12,8 Milliarden Euro.

Rechnet man zusammen, was das österreichische Gesundheitssystem jährlich für die Behandlung psychischer Krankheiten ausgibt, erhält man eine Riesensumme. Im Jahr 2020 betrugen die Gesundheitsausgaben in Österreich laut Statistik Austria 43,524 Milliarden Euro oder 11,5 Prozent des Bruttoinlandsprodukts.

Die Lebenserwartung stieg in Österreich in den vergangenen Jahrzehnten – dank der Errungenschaften der Medizin – stetig an. Für Männer liegt sie aktuell bei 78,0 Jahren, Frauen werden 83,3 Jahre alt. Doch ist die Medizin heute fast ausschließlich eine Reparaturmedizin. Trotz der Möglichkeiten zu Vorsorgeuntersuchungen gehen die meisten Menschen erst zum Arzt, wenn es brennt. Dann ist es aber häufig schon fünf vor zwölf oder später. Viele Erkrankungen könnten vermieden werden. Mit einem gesunden Lebensstil. Aber ein Schnitzel und ein Bier oder vier sind den Leuten wichtiger, als gesund alt zu werden. Denn laut einer kürzlich veröffentlichten Studie verbringen wir durchschnittlich die letzten 20 Jahre mit chronischen Leiden.

Ein befreundeter Arzt scherzhaft über den Idealzustand im Alter: oben licht und unten dicht.

Heil sein – gesund sein

Wann ist man eigentlich gesund? Oder heil? Besteht hier ein Unterschied? Oder ist »heil« oder »geheilt zu sein« weit mehr, als nur gesund zu sein?

Heilung kann man nicht machen, nicht verordnen, es gibt auch keine Leitlinien dafür. Und sie folgt nicht der Therapieanordnung eines Arztes oder Therapeuten. Heilung von einer

Krankheit kann nicht durch einen General im Kampfanzug erfolgen, sie geschieht im Patienten, ist ihm letztlich geschenkt.

Beispiel: Ein zehnjähriger Bub stiehlt eines Tages das viel zu große Fahrrad seines älteren Bruders. Das Fahrrad ist zu schwer für den kleinen Mann. Er kann auf dem Sattel sitzend mit den Füßen nicht das untere Pedal erreichen; seine Beine sind noch zu kurz. Also muss er stehend fahren. Beim Slalomfahren stürzt er und verletzt sich das Knie. Der Kleine wird zu einem Arzt gebracht. Der Doktor entfernt geduldig und kunstfertig den Schotter aus dem aufgeschundenen Knie, die Wunde wird gereinigt, desinfiziert und verbunden. Damit ist die Arbeit des Arztes erledigt. Aus seiner Sicht hat er alles getan, damit der Bub wieder gesund werden kann. Mit den physischen Schmerzen, der Beschämung, das Rad nicht beherrscht zu haben, und den Vorwürfen des großen Bruders und der Eltern muss der Kleine selbst fertigwerden. Heilung ist mehr als die medizinische Behandlung und unterliegt der Aufarbeitung durch den Patienten. Der Bub muss sich um die Begleiterscheinungen kümmern, um das Rundherum.

Anderes Beispiel: Ein Leistungssportler, der seine beruflichen Ambitionen vorerst zurücksteckt, viel Energie und Zeit investiert, um ein erfolgreicher Spitzensportler zu werden, erleidet einen Verkehrsunfall. Die vielfältigen Verletzungen, insbesondere eine Rückenverletzung, führen zu einem mehrmonatigen Krankenhaus- und Rehaaufenthalt. Trotz hervorragender medizinischer Behandlung muss er künftig sein Leben im Rollstuhl verbringen. Weil diese Therapie lege artis, also nach den Regeln der Kunst, abgelaufen ist, ist er aus Sicht der Medizin und Physiotherapie so weit wie möglich gesund. Trotzdem muss der junge Mann viel dazutun, um geheilt aus dieser Erfahrung herauszukommen. Er muss das schicksalhafte Ereignis des Unfalls (war er vielleicht mitschuldig an diesem Verkehrsunfall?) verarbeiten, die Trauer, den Traum aufgeben, nicht Spitzensportler werden zu können, er muss eine neue berufliche Orientierung in Angriff nehmen und vieles auch in seinen privaten Beziehungen neu ordnen, um wirklich geheilt aus diesem Lebensereignis auszusteigen.

Dass es einen Unterschied zwischen gesund sein / werden und geheilt sein / werden gibt, stellt auch eine Entlastung für den Arzt und Therapeuten dar. Er muss nicht der allmächtige Heiler sein, der Halbgott in Weiß, der für den gesamten Heilungsprozess des Patienten verantwortlich ist. Er kann sich auf seine ureigenste Kompetenz konzentrieren. Oder präziser: Der beste Arzt ist einer, der die Selbstheilungskräfte im Patienten anregt. Für den Patienten bleibt ein gehöriges Stück Arbeit zu tun: Er muss den Willen haben, gesund zu werden, Verantwortung für sich, seinen Körper und seine seelische Befindlichkeit übernehmen, die Krankheit, den Gesundungs- und Heilungsprozess als seine Angelegenheit wahrnehmen, einen Sinn in der Erkrankung finden und sie als Wendepunkt erfahren. Auch muss er Vertrauen in Ärzte und Therapeuten entwickeln, Unterstützung annehmen, Geduld haben und Heilung geschehen lassen. Selbstheilung hat demnach viel mit Akzeptanz zu tun. Ein Krankenhaus ist keine Autowerkstatt, wo man ein paar Ersatzteile austauscht, und alles ist wieder gut. Der Mensch muss sich selbst in die Verantwortung nehmen. Er ist es, der der Krankheit die Stirn bietet. Nicht die Frau Oberarzt oder der Herr Primar. Selbstheilung ist Selbstverantwortung.

Herr B. und die Schulmedizin

Wie das Gesundheitssystem manchmal wirklich funktioniert, zeigen zwei Geschichten eines heute 76-jährigen Mannes. Nennen wir ihn Herrn B.

Herr B. hat in jungen Jahren viel trainiert. Er war Skirennläufer, machte regelmäßig Krafttraining. Damals gab es noch keine Betreuer, keinen Physiotherapeuten, der die Sportler nach dem Training oder dem Sport behandelt hätte. Mit dem Krafttraining, das anscheinend nicht so schonend durchgeführt wurde – damals gab es für den Muskelaufbau nur rudimentäre Sportgeräte –, ruinierte er sich seine Wirbelsäule.

Er lief von Arzt zu Arzt und probierte alle möglichen Therapien aus. Auch eine Cortisonkur hatte er durchlaufen, bis ihm sein Hausarzt davon abriet. Dann war er bei einem ausgebildeten Chiropraktiker. Aber danach musste er trotzdem ins Krankenhaus, weil die Schmerzen unerträglich waren. Als er wieder so weit »repariert« war, um eine neue Therapie in Angriff zu nehmen, versuchte er es mit einem Orthopäden. Und der war der Erste, der sich für Herrn B. Zeit nahm und ihm genau erklärte, was wirklich mit seiner Wirbelsäule los war. Der Orthopäde schlug ihm eine Physiotherapie und ein Training vor, damit die Muskeln wieder aufgebaut und gestärkt würden.

Herr B. machte fleißig die Übungen, er bemerkte, dass er damit weniger Schmerzen hatte. Und nach zwei Jahren waren sie vollkommen weg. Ohne Operation und Tabletten.

In seiner zweiten Geschichte kommen die Schulmediziner weniger gut weg. Herr B. hatte – noch während seiner aktiven Skirennläuferzeit – eine Bänderzerrung im Sprunggelenk. Vor 50 Jahren waren Ärzte noch richtige Götter in Weiß. Herr B. war beim Röntgen und danach standen zwei Ärzte vor dem Bild. Herr B. sah von der Behandlungsliege zu seinem Röntgenbild auf und bemerkte einen großen Spalt zwischen den Knochen des einen Knies. Beim anderen Knie war der Abstand ganz klein. Einer der beiden Ärzte meinte, dass eigentlich eh alles in Ordnung sei. Darauf meinte

Herr B., dass er sich das nicht vorstellen könne, weil sogar er den Unterschied zwischen seinen beiden Knien auf dem Bild sehe. Der Arzt schrie ihn an, dass er da nicht dreinzureden brauche, weil er ohnehin keine Ahnung habe. Er sei doch nur Patient. Dann sprangen die Ärzte erbost auf und verließen den Raum.

Wie man für sein Schicksal kämpft – und gewinnt

So schaut bei uns im Klinikum Klagenfurt eine Krankenakte aus:

Am 12.1.2021 wurde Herr Hubert Riegel in die Intermediate Care Station des Klinikums Klagenfurt eingeliefert.
Seine Diagnosen:
SARS-COV-2-Infektion
ARDS (akutes Atemnotsyndrom)
Sepsis (Blutvergiftung)
Jod-Allergie

Anamnese:

Herr Riegel wird bei st.p. (status post: Zustand nach) Covid-19-Infektion mit ARDS und Sepsis am 12.1. von der ICU 1 (Intensivstation 1) übernommen.

Initial (anfänglich) bestanden bei dem Patienten seit 2.11.2020 Covid-Symptome – Fieber, Husten, AZ(Allgemeinzustand)-Verschlechterung. Die Infektion wurde am 3.11. mittels Abstrich bestätigt.

Bei kontinuierlicher Verschlechterung wurde der Patient am 18.11. mit dem RTW (Rettungswagen) an die ZNA (zentrale Notaufnahme) gebracht und von dort aus direkt an die ICU 3 (Intensivstation), wo er gleich nach Aufnahme intubiert wurde (dabei wird ein Schlauch über die Luftröhre eingeführt und der Patient künstlich beatmet).

Bei sinkenden Oxygenierungsindices (der Wert dient der Beurteilung der Lunge, ihrer Fähigkeit, das durch sie fließende Blut mit Sauerstoff anzureichern) und einem therapieresistenten ARDS (akutes Atemwegssyndrom) wurde am 25.11.

eine veno-venöse ECMO eingebaut (dabei wird dem Patienten venöses sauerstoffarmes Blut entzogen, über den Oxygenator geleitet, mit Sauerstoff angereichert und als sauerstoffreiches Blut venös zurückgegeben) und der Patient an die ICU 1 überstellt.

Im weiteren Verlauf wurde Herr Riegel am 30.11. dilatativ tracheotomiert (erweiterter Luftröhrenschnitt) und die veno-venöse ECMO konnte nach 33 Tagen am 27.12. beendet und ausgebaut werden.

Am 11.1. konnte der Patient geweant (Weaning steht für die Entwöhnung eines beatmeten Patienten von einer maschinellen Atemunterstützung) und eben am 12.1. von der IMC 2 übernommen werden.

Es bestanden keine Vorerkrankungen, Vormedikation war keine bekannt.

Verlauf:

Der Verlauf auf der IMC 2 gestaltete sich komplikationslos. Zum Verlegungszeitpunkt ist Herr Riegel wach, ansprechbar, in allen Qualitäten orientiert und in den Lehnstuhl mobilisiert.

Der Patient erhält 2 bis 3 l Sauerstoff über die Nasenbrille und 3 × tägl. CPAP-Atemtherapie (CPAP steht für continuous positive airway pressure [kontinuierlicher Atemwegsüberdruck]. Bei dieser Behandlung tragen die Betroffenen eine Maske, die nur die Nase oder Mund und Nase umschließt. Die Maske ist über einen Schlauch mit einem Atemgerät verbunden), damit zufriedenstellende Oxygenierung.

Herr Riegel hat einen normofrequenten Sinusrhythmus (regelmäßigen Herzschlag) und zufriedenstellenden MAP (mittleren arteriellen Blutdruck) ohne Katecholamine (Substanzen zur Stärkung des Herzens). Die Diurese (Funktionszustand der Nieren) wird mit 2 × Lasilacton unterstützt, damit ausreichende Stundenharnportionen.

Nach logopädischer Freigabe wird weiche Kost und uneingedickte Flüssigkeit selbstständig gegessen und getrunken. CRP (das C-reaktive Protein CRP ist der wichtigste Blut-Laborwert zum Feststellen und zur Verlaufskontrolle einer Entzündung im Körper. Bei CRP handelt es sich um einen Eiweißstoff, der in der Leber gebildet wird) ist im morgendlichen Labor minimal angestiegen, der Patient ist jedoch afebril (fieberfrei) und der liegende ZVK (zentraler Venenkatheter) wird vor Verlegung entfernt. Die sedierenden Medikamente werden langsam reduziert (Cave: möglicher Entzug nach langem ICU-Aufenthalt).

Bei der heutigen Visite gibt der Patient erstmalig Schmerzen in der linken Fußschaufel an und er ist besorgt bezüglich einer Ermüdungsfraktur, die Unfallchirurgie wurde bereits konsiliarisch (beratend) angefordert. Außerdem äußert Herr Riegel heute auch Sensibilitätsstörungen im rechten Bein und in der linken Hand – ein neurologisches Konsil wurde bereits eingegeben. Entlastende Gesprächstherapie wird vonseiten der klinischen Psychologie durchgeführt.

Im Dialog mit Hubert Riegel

Nach seiner Entlassung aus dem Krankenhaus erzählt Herr Riegel, wie er seinen Krankheitsverlauf miterlebt, wie ihn die innere Kraft nicht im Stich gelassen hat. Er sagt, dass er ohne diese Energie nicht überlebt hätte.

Wir sitzen bei zwei Tassen Kaffee und Kuchen. Hubert Riegels Blick zeugt von Entschlossenheit. Er trägt ein weißes Hemd, Jeans und verströmt die Gelassenheit von Menschen, die dem Tod ins Auge geblickt haben.

»Ich bin überzeugt davon, dass es eine innere Kraft gibt«, sagt er. »Die innere Kraft ist etwas, das dir jemand schickt. Jeder hat im Hintergrund einen Personenkreis, oft einmal gar nicht so nahe Bekannte, die dir sozusagen durch ihr Gebet oder wenn sie an dich denken Energie schicken. Und diese Energie hilft in solchen Situationen immens. Ich glaube nicht, dass ich das ohne diese Energie überlebt hätte, weil in dieser Situation zum Dableiben mehr dazugehört. Die Ärzte haben meiner Frau damals gesagt, sie hätten alles getan, was möglich war, alles andere hänge davon ab, was jetzt kommt. Und es ist etwas gekommen, weil ich sonst die Berührung mit der anderen Ebene nicht gehabt hätte. Innere Kraft, die innere Stimme ist wichtig.«

Herr Riegel, wie hoch schätzen Sie die Selbstheilungskräfte des Körpers ein?

Ich habe das am eigenen Leib verspürt. Ich war vor zehn Jahren bei einer Frau. Sie hat sich klar dazu bekannt, dass sie mehr sieht, als das Auge wahrnimmt. Sie wollte wissen, ob ich das noch nie bemerkt hätte. Ich fragte, was ich hätte bemerken sollen? »Sie sind im Licht Gottes und im Licht Jesu«, sagte sie. Zuerst habe ich mir nichts dabei gedacht, aber zu Hause ist mir das komisch vorgekommen. Ich fand keine Ruhe mehr und rief sie an. Sie fragte, ob ich nicht bemerkt hätte, dass ich selbst ein Energielieferant bin. Dass durch die Ausstrahlung, über meine Hände, Menschen geholfen werden kann. Mit dieser Energie, die ich bekomme – ich weiß, mein Hauptenergielieferant ist die Sonne –, spüre ich, dass da etwas in mir pulsiert. Durch das Auflegen der Hände erreicht man, dass bei anderen Personen oder sogar Tieren Selbstheilungskräfte ausgelöst werden.

Ich habe das bei einer Arbeitskollegin getestet. Sie hatte Probleme mit der Halswirbelsäule und im Schulterbereich.

Da habe ich mir gedacht, ich probiere es einmal, und habe meine Hände vom Kopf ausgehend ohne Berührung über die Schultern entlanggeführt und versucht, ihr zu helfen. Am nächsten Tag sagte sie, dass sie so etwas noch nie erlebt habe. Am Abend, als sie zu Hause war, hatte sie 35 Grad Körpertemperatur, ihr war bitterkalt. Sie musste sich in viele Decken einwickeln und schlief wie ein Kind. Sie habe noch nie so gut geschlafen, sagte sie. Und in der Früh waren die Schmerzen weg.

Wunderheilungen werden oft als Humbug abgetan

Ich denke, dass wir viele dieser Energiesachen verlernt haben. Oder man lacht einfach darüber. Ich habe das auch bei meiner Frau versucht und versuche es immer wieder, weil ich ihr helfen möchte. Die Wärme, die ich ausstrahle, geht nicht durch Berührung mit den Händen, sondern durch reine Energieübertragung auf sie über. Sie sagt, sie sei nach der relativ starken Wärmeentwicklung extrem entspannt. Ich glaube auch, dass es telepathische Verbindungen gibt. Ich bin der festen Überzeugung, dass, wenn ich stark und positiv an jemanden denke, dieses positive Denken auf denjenigen übergeht. Ich glaube auch, dass diese starke Kraft über meine Familie und die vielen Bekannten – wie ich den nachträglichen Schilderungen dessen, was sie getan haben, entnehme – während meiner Erkrankung auf mich übergegangen ist.

Haben Sie die Selbstheilungskräfte auch für sich selbst genutzt?

Ja, natürlich, unterstützend. Aber Selbstnutzen ist ein eigenes Thema. Ich tue mich leichter, wenn ich das jemand anderen übermittle oder weitergebe. Vielleicht habe ich zu wenig Selbstvertrauen, um es mir auch selbst zu geben. Ich hatte Angst, dass diese Energie dann leer ist, wenn ich es übertreibe und zu oft mache. Ich weiß nicht, ob man sich selbst mit dieser Energie helfen kann. Sonst hätte ich mich aus dieser Covid-Situation herausgenommen. Könnte ich Selbstheilungskräfte aus mir herausholen, hätte ich das getan. Das war aber nicht möglich. Es war medizinische Toparbeit, muss ich echt sagen.

Also, Sie vertrauen schon auf die Medizin?

Absolut. Ab dem Zeitpunkt, als ich zusammengefallen bin, hatte ich in keinem Moment Angst zu sterben – überhaupt nicht. Es war ein Rot-Kreuz-Helfer da. Ich habe mitbekommen, dass ich einen ganz niedrigen Sauerstoffgehalt hatte, als er gemessen hat. Ich hatte allerdings keine blauen Lippen, keine blauen Finger. Meiner Frau hat er damals gesagt, dass ich eigentlich gar nicht mehr leben dürfte. Ich war eigentlich immer in guten Händen. Ich habe nie daran gezweifelt, dass das, was mit mir passiert, etwas ist, wovor ich Angst haben müsste. Ich hatte keinerlei Albträume danach, habe nichts Negatives erlebt.

… bis auf Ihr Nahtoderlebnis, oder?

Das war damals kein Traum. Weil einen Traum merkt man sich vielleicht ein paar Tage und vergisst ihn dann wieder. Aber dieses Erlebnis werde ich mir mein Leben lang merken. Das ist so in mir eingebrannt, dass ich mir denke, es muss noch mehr da sein.

Da war ein Wald, viele Wurzeln und ein Bach. Und irgendjemand oder irgendetwas hat mich aus einem Gestrüpp gezogen. Mein Großvater war Forstarbeiter, vielleicht spielte diese Situation deshalb im Wald. Aber ich kann mich auch an meine Oma erinnern, die bei diesem Erlebnis dabei war. Aber Angst zu sterben, hatte ich keine. Und da war noch etwas, das ich mir nicht recht erklären kann. Auf einmal war mein behandelnder Arzt da und sagte: »Einmal habe ich Ihnen schon geholfen und jetzt helfe ich Ihnen noch einmal, aber ein weiteres Mal wird das nicht gehen.« Ich weiß nicht, wieso ich mir einbilde, dass er das gesagt hat. Und ich habe auch von kleinen Männern geträumt – da war ich auf einmal wieder im Krankenhausbereich. Die Männer waren kleinwüchsig und hatten eine Glatze. Sie haben mir etwas gebracht; die waren in dieser Situation so wie Beschützer, damit ich nicht ganz allein bin.

Ich war im Krankenhaus nie allein, es waren immer Schwestern und Pfleger da. Aber was wirklich wehgetan hat, war das Besuchsverbot, das den Patienten wegen Covid auferlegt wurde. Meine Frau und meine Kinder durften nicht zu mir. Eigentlich wird dir genau das vorenthalten, was du in dieser Zeit am meisten brauchst. Das hatte mit Corona zu tun, aber ich denke, dass die Familie für jemanden, der im Spital liegt, sehr wichtig ist. Besonders wichtig war in dieser Zeit die psychologische Betreuung im Krankenhaus Waiern, die mir entscheidend geholfen hat, die Lebensfreude wiederzufinden.

Wird in der Medizin unterschätzt, was die Familie zur Heilung beitragen kann?

Gerade in der Zeit einer Krankheit braucht man die Familie so dringend. Ich habe es fokussiert wie ein Mantra: Ich will wieder bei meiner Familie sein, ich will wieder draußen auf der Terrasse sitzen und den Sonnenuntergang sehen. Daran habe ich mich angehalten. Meine Familie hat mir am ersten Tag im Krankenhaus ein Familienbild gebracht, und das hat mich immer begleitet, bis ich wieder zu Hause war. Es war ein wichtiger Anker.

Haben Sie nach dieser Krankheit eine andere Einstellung zu Ihrem Körper?

Vorher war vieles selbstverständlich. Ich habe versucht, mich gesund zu ernähren, auf das Gewicht zu achten. Anscheinend war das genau das Richtige, um meinen Körper stabil zu halten, damit organisch keine Notsituation entsteht wie bei einem Risikopatienten. Aber heute schätze ich meinen Körper viel mehr. Ich sehe es nicht mehr als selbstverständlich an, dass man einfach aufsteht und geht, sich bewegt oder etwas in der Hand hält. Da wird einem viel bewusst. Ich achte jetzt auch mehr auf das, was ich esse – aufgrund der Erkrankung meiner Frau haben wir schon vieles geändert. Bei uns gibt es keine Kuhmilch, auch kein Schweinefleisch mehr. Den Rindfleischkonsum haben wir stark reduziert. Jeden Tag, den der Herrgott dir schenkt, wachst du auf und bist da. Ich lebe heute mehr im Jetzt, denke nicht so weit in die Zukunft und lasse die Vergangenheit so sein, wie sie ist. Das Jetzt hat an Bedeutung gewonnen.

Stärken Sie Ihr Immunsystem heute anders als früher?

Auf jeden Fall bewusster. Ich denke darüber nach, was ich esse. Ich kasteie mich nicht, verbiete mir nicht alles, was gut schmeckt, aber wenn ich mir etwas gönne, tue ich das bewusst; dann esse ich halt eine Tafel Schokolade oder trinke ein Bier. Obwohl ich momentan sehr wenig trinke, weil ich den Alkohol nicht mehr so vertrage wie vor meiner Erkrankung. Früher habe ich ab und zu ein bis zwei Krügel getrunken, jetzt reicht mir schon ein Seidel. Und wenn ich zu Mittag ein Achterl Rotwein trinke, dann ist das etwas anderes. Das ist meine Medizin, für mich und meine Frau. Wir sitzen dann zusammen, auf dem Tisch stehen zwei Gläser und eine Flasche Wein, die ich bewusst aussuche – einen Wein aus Österreich, italienische oder spanische Weine interessieren mich nicht. Wir trinken nur Rotwein, das ist ein Genuss, den ich sicherlich bewusster wahrnehme, und ich merke, dass mir das guttut.

Früher hatte ich große Probleme mit Belastungen und größtenteils selbst verursachten Stresssituationen. Heute fängt mein Tag immer gleich an. Wir haben Hühner und Enten. Die werden als Erstes gefüttert, das Wasser wird getauscht, erst dann kommt, was so anfällt. Ich sehe alles als wichtig. Alles hat für mich dieselbe Wertigkeit, und das ist vielleicht stressig, weil ich nicht alles gleichzeitig machen kann. Aber dann mache ich bewusst manches nicht fertig.

Hat Ihnen Ihr Glaube geholfen?

Ich bin immer gläubig gewesen. Gläubig deshalb, weil ich an etwas Höheres nicht nur gedacht, sondern es auch irgendwie gespürt habe. Ich war 14 oder 15, als ich das Buch Das Leben nach dem Tod gelesen habe. Es hat mich damals einfach interessiert. Vieles habe ich wieder vergessen und irgendwann – vor etwa zehn Jahren – hat mir diese Frau dann von meiner Gabe erzählt. Ich habe gemerkt, dass sich meine Einstellung zum Leben verändert hat. Ich habe sie gefragt, was es bedeutet, im Licht Jesu zu sein. »Werde ich da früher geholt?«, habe ich gefragt. »Nein«, sagte sie, »diese Gabe kann helfen.« Und so habe ich eine andere Einstellung zum Leben bekommen.

Ich gehe nicht oft auf Begräbnisse, weil in unserer Gesellschaft zu viel daraus gemacht wird. Ich denke nicht: Jetzt ist der oder der gestorben und ich muss trauern, sondern ich habe angefangen, mich für den Betreffenden zu freuen, und sage ihm: Super, jetzt hast du es geschafft! Man bedankt sich für vieles, was man gemeinsam erlebt hat. Irgendwann war mir klar, dass etwas den Körper verlässt. Er bleibt da, er ist nur eine Hülle. Schon als Kind habe ich mich gefragt: Ich bin ich, aber was ist, wenn ich nicht mehr bin, wenn mein Körper nicht mehr da ist, bin ich dann auch nicht mehr da? Das hat mir damals keine Ruhe gelassen, weshalb ich das Buch Das Leben nach dem Tod gelesen habe.

Was lange in mir geschlummert hat, war Jahre später wieder voll da. Und so sehe ich die Dinge heute gelassener. Ich habe die Angst vor dem Tod hinter mir gelassen, mir selbst die Angst genommen, weil ich überzeugt bin, dass es weitergeht. Es gibt etwas danach, diese Erkenntnis hat sich durch das Erlebnis im Tiefschlaf (insgesamt 44 Tage) noch mehr in mir gefestigt. Es muss da noch irgendetwas sein. Es gibt gute und böse Sachen. Aber es ist etwas da. Es ist einfach etwas da.

Sie haben entdeckt, dass Sie Energie ausstrahlen. Haben Sie das Gefühl, dass diese Kraft durch die Krankheit stärker geworden ist?

Am Anfang hatte ich die Angst, dass mir das vielleicht genommen wird. Ich dachte, jetzt habe ich eine Chance gehabt, ich habe ein Leben gehabt – und jetzt bekomme ich ein zweites. Es hat sich so viel verändert, vor allem in meiner Dankbarkeit, es ist wie ein anderes Leben. Ich will die Schulmedizin nicht schlechtmachen, aber vieles wird auf andere Ebenen verlagert. Nehmen wir lieber eine Tablette mehr, statt vielleicht den Schweinsbraten wegzulassen oder weniger zu salzen. Menschen gehen diesen Weg und irgendwann wissen sie nicht mehr, wie viele Tabletten sie schlucken. Ich nehme momentan noch Pregabalin, weil ich Schmerzen im Fuß habe, und zwei Tabletten für meine Psyche, eine morgens und eine abends. Vom Rest bin ich wieder weg. Nachdem ich ins Leben zurückgekehrt war, konnte ich nicht schlafen. Ich lag im Spitalbett und döste vor mich hin. Halbe Stunde, drei viertel Stunden, dann war ich wieder voll da. Das ging einige Tage so, bis der Arzt entschied, etwas dagegen zu tun. Er gab mir ein Schlafmittel. Das nahm ich in der Situation dankbar an. Dann bekam ich auch ein Schmerzmittel, das abhängig macht. Eine Schwester erzählte mir, dass sie selbst Covid gehabt habe und wisse, wie schwer es sei, mit den Medikamenten umzugehen. Sie sagte: »Schauen Sie, dass Sie davon wegkommen!« Und ich begann zu reduzieren. Von den Schlafmitteln bin ich weg. Das Schmerzmittel habe ich am nächsten Tag nicht mehr genommen.

Wie würden Sie Gesundheit definieren? Wann ist man gesund?

Ich glaube, man ist gesund, wenn man mit dem, was einem gegeben wird, zufrieden ist. Gesund bedeutet für mich sicherlich organisch gesund. Bei meinen Kontrolluntersuchungen haben mir ein Lungenfacharzt, ein Neurologe und ein Kardiologe bestätigt, dass ich keine bleibenden Schäden durch die Erkrankung haben werde. Ich weiß nicht, ob gesund die richtige Bezeichnung dafür ist. Eher Zufriedenheit oder Dankbarkeit, die haben einen ganz anderen Stellenwert bekommen. Wie schön ist es, sich zu bedanken und nicht über irgendetwas zu nörgeln. Letzteres stört mich maßlos. Wenn etwas nur schlechtgeredet wird und Menschen untereinander Probleme wälzen, wo du dich fragst: Haben die nichts anderes? Wissen die überhaupt, wie viel Zeit ihnen noch gegeben ist? Auch ich weiß nicht, wie viel Zeit mir noch bleibt. Aber ich habe jetzt eine ganz neue Einstellung. Jeder bemüht sich, das Beste zu geben, und wenn ich jemanden lobe, sehe ich, wie gut das demjenigen tut. Diese Wertigkeit hat mir vorher gefehlt. Ich konnte das nicht einschätzen. Wertigkeit, Wertschätzung – genau das versuche ich weiterzugeben. Und das tut gut, das hilft auch mir selbst und ich glaube, das hält mich gesund.

Wie gehen Sie mit Schicksalsschlägen um?

Meine Gattin Anita, ein überaus liebenswerter, lustiger, zuvorkommender, herzensguter Mensch, erhielt im Jahr 2017 die Diagnose Brustkrebs. Unmittelbar danach wurde ihr eine Brust entfernt. Obwohl die Krebsdiagnose einen tragischen Einschnitt in ihrem Leben bedeutet hat, nahm meine Frau die Herausforderung an, dagegen anzukämpfen. Nach der Operation schien das Leid ein Ende zu haben. Zwei Jahre sorgloses, von Energie erfülltes Leben. Und 2019 kam dann die Hiobsbotschaft: Der Krebs war wieder da und tobte sich in Anita so richtig aus. Metastasen in einigen Bereichen ihres Körpers. Für viele ein gefühltes Todesurteil, nicht jedoch für Anita. Sie hat sich von dieser Diagnose nie einschüchtern lassen. Eine innere Stärke, die nicht selbstverständlich ist. Krebs ist nicht gleich ein Todesurteil, der Kampf lohnt sich – das war ihr Motto. Genau diese Botschaft wollte sie allen vermitteln.

Nachtrag zum Interview

Meine Gattin hat ihren Kampf am 6. Mai 2022 leider verloren. In den frühen Morgenstunden. Für viele kam ihr plötzlicher Tod sehr überraschend. Alle meinten, dass man ihr den Kampf keineswegs angesehen habe. Sie hat es nie vergessen, ein liebenswerter, lustiger, humorvoller, zuvorkommender, herzensguter Mensch zu bleiben. Es geht um die Einstellung. Wer das Leben liebt, braucht sich vor dem Tod nicht zu fürchten.

*

Selbstheilung hat nicht immer ein Happy End. Auch starke Menschen sterben. Glückliche Menschen siechen dahin. Manche Krankheiten sind unheilbar und dagegen lässt sich nichts machen. Entscheidend ist die Einstellung zum endlichen Dasein. Im Buch Es lebe der Tod haben wir das umfassend beleuchtet.

Selbstheilung hat so viele Gesichter, ist von Fall zu Fall verschieden.

Selbstheilung trägt auch eine soziologische Komponente in sich.

Die Soziologie hat die Gesellschaft in den vergangenen Jahrhunderten sowohl theoretisch als auch empirisch erforscht und das soziale Verhalten der Menschen beschrieben. Die Medizin sucht gegebenenfalls soziologische Beratung. Was aber sagt die Soziologie über die Medizin? Hat sich die Medizin aus soziologischer Sicht in der vergangenen Zeit geändert? Wenn ja, wie?

Der Soziologe betrachtet wie aus der Vogelperspektive von oben, erkennt Zusammenhänge, Strukturen, Muster; der Psychologe gräbt wie ein Maulwurf im Inneren und bringt Verborgenes ans Licht. Beide ergänzen einander und bereichern mit ihrer jeweiligen Perspektive die Sicht des Arztes. Gemeinsam vervollkommnen sie das Bild von Gesundheit.

Zehn Thesen zur Selbstheilung aus einer sozialen Perspektive

1. Eine Medizin der Gesundheit sieht den Menschen als Experten in eigener Sache

Im Unterschied zur Medizin der Krankheit, der Reparaturmedizin, geht es in der Medizin der Gesundheit darum, dass der Mensch sein eigener Experte wird und der Arzt lernt, die Dinge aus der Perspektive der Patienten zu sehen. In der Medizin der Krankheit werden kranke Personen von der Verantwortung für ihren momentanen

Zustand entlastet. Das wirkt fatal, weil damit der Veränderungsanspruch für zukünftiges Verhalten unterlaufen wird. Wir sollten unsere Verantwortung also nicht aufgeben und dürfen keine passive Rolle einnehmen, wenn wir zum Arzt gehen.

2. **Selbstheilung verlangt die Mobilisierung eigener Ressourcen**
   Gesundheit heißt nicht, dass wir, wenn ein Problem ansteht, zum Arzt gehen und professionelle Hilfe und Lösung erwarten. Gesundheit im Sinne von Heilung bedeutet mehr. Es geht bei der Mobilisierung der eigenen Ressourcen auch um die Macht der Gedanken – die Herausbildung einer Haltung. Gemeint ist damit nicht Selbstoptimierung über Fitness-Apps oder digitale Schlafkontrolle. Es ist auch nicht eine Haltung, die primär auf Selbsterkenntnis zielt, sondern vielmehr auf Selbstachtung. Wir orientieren uns an dem, was wir selbst für gut und richtig halten, und weniger an gegebenen Vorschriften.

3. **Distanz zu Selbstüberbietung und Selbstoptimierung hilft gegen Burn-out**
   Wir werden dazu angehalten, dafür zu sorgen, erfolgreicher, gelassener, klüger, schöner, gesünder zu werden. Die Baustelle Körper erhält den Status eines Investitionsobjekts. Das eigene Leben mutiert zu einem Projekt. Quantified Self nennt sich dieser Ansatz der medizinaffinen Szene. Gegründet wurde die Bewegung 2007 vom US-amerikanischen Journalisten Gary Wolf. Wer eine solche Selbstoptimierung betreibt, dem wird versprochen, aus den eigenen ruinösen Gewohnheiten in ein besseres Leben auf- oder ausbrechen zu können. Aber viele

Menschen scheitern am Zwang zur Selbstgestaltung. Sie reagieren mit innerer Leere, Depression, Antriebslosigkeit und Suchtverhalten.

4. **Die Schuld für Krankheit liegt nicht in individuellem Versagen**
   Selbstverantwortung ist ein zutiefst ambivalentes Unterfangen; eine Krankheit wird damit als individuelles Verschulden gesehen. Schuldzuschreibungen an das eigene Ich sind keine günstige Voraussetzung für Veränderungen. Wird der kranke Körper als etwas gesehen, an dem nicht genug gearbeitet wurde und dessen Besitzer nicht genug Willensstärke bewiesen hat, dann wird übersehen, welche gesellschaftlichen Bedingungen Gesundheit und Krankheit beeinflussen.

5. **Körper und Geist sind nicht getrennt**
   Es kann keineswegs darum gehen, sich selbst als Maschine zu sehen, die nur über ihr Funktionieren beobachtet und bearbeitet wird. Es geht immer auch darum, welchen Sinn unser Handeln stiftet. Sinnstiftung ist jedenfalls ein wichtiger Anker der Selbstheilung. Sie sollte nicht als Motor bezeichnet werden, weil damit nur erneut eine mechanische Sicht des Lebens angedeutet wird.

6. **Selbstheilung und Selbstwirksamkeit verlangen eine Beziehung zum Du**
   Zur Selbstsorge und Selbstachtung gehört die Sorge für andere. So wird der ruinöse Wettlauf mit den eigenen nicht erfüllbaren Ansprüchen durchbrochen. Damit wir uns selbst heilen können, ist der andere unabdingbar. Damit kommen wir zur Ich-Du-Beziehung, die Martin Buber

so grandios beschrieben hat. Eine Ich-Du-Beziehung wird nicht durch den Willen des Menschen allein realisiert. Beziehung ist von einem Menschen nicht einfach herstellbar, sie braucht immer auch die Gnade des Gegenübers. »Das Du begegnet mir von Gnaden – durch Suchen wird es nicht gefunden.«

7. **Soziale Unterstützung und Austausch führen zu einem anderen Blick auf Gesundheit**
   Gesundheit und Selbstheilung finden nicht abgelöst von unseren sozialen Beziehungen statt. Sie sind wichtig, wenn es um Abwägungsprozesse im Hinblick auf die eigene Gesundheit, das eigene Wohlbefinden geht. Denn das soziale Umfeld begünstigt die Nachhaltigkeit von Selbstheilungsentscheidungen. Betrachten wir diese sozialen Beziehungen näher, dann sehen wir, dass die familialen Beziehungen zwar den Kern unseres sozialen Netzwerks ausmachen, aber nicht ausreichen. Zuweilen sind wir emotional und kognitiv Gefangene in diesem unmittelbarsten Netzwerk. Deshalb sind Freunde, Bekannte und Nachbarn wichtig, um einerseits zu entlasten und andererseits neue Gesichtspunkte zu vermitteln.

8. **Veränderungsmacht und Ermächtigung als Ziele von Selbstheilung**
   Holen wir uns unsere Gesundheit zurück! Es geht dabei auch darum, dass professionelle oder gesellschaftliche Akteure in sozialer Hinsicht oftmals blinde Flecken haben und gesundheitliche Benachteiligung nicht nur nicht aufheben, sondern sogar verstärken. Sei es, dass Frauen sich im vielfach männlich dominierten Gesundheitssystem in einer ungünstigen Situation befinden, sei es, dass alte

Menschen in Krankenhäusern immer wieder in beschämender Weise behandelt werden, oder sei es, dass Personen mit wenig Geld mit langen und oft unzumutbaren Wartezeiten im Gesundheitswesen konfrontiert sind.

9. **Kritische Distanz zu Institutionen**
   Auch wenn Institutionen – von der Schule über die Kirche bis hin zum Spital – wichtig und essenziell für ein gutes Leben sind, so sind sie doch auch immer wieder Anlass für Schädigungen. In modernen Institutionen wird zwar vermehrt auf die Akteure Rücksicht genommen, im Allgemeinen aber funktionieren sie nach ihrer eigenen Logik. Sie sind oft stärker an ihrem eigenen Erhalt interessiert und stellen professionelles Handeln über individuelles, intuitives Handeln.

10. **Vom vertrauten Leben in der Vergangenheit und einem erträumten Leben in der Zukunft zu einem dynamischen Leben in der Gegenwart**
    Ein Mensch, der sich nur mit Dingen umgibt, die er erfährt und gebraucht, lebt in der Vergangenheit. Trauen wir auf dem Weg in die Gegenwart der Intuition und Inspiration. Es geht um unsere Einbildungskraft. Auch wenn die Einbildungskraft verzerrt, lügt und uns immer wieder in die Irre führt, geht sie doch über erlebte Erfahrungen hinaus und hilft unserer Vernunft beim Vorgang des Nachdenkens.

*

Interview mit dem Eremiten Ermolaos auf dem Berg Athos
Erst durch die verschiedenen Sichtweisen wird die Selbstheilung greifbar. Dafür sind die Autoren nach Griechenland

gereist. Um eine andere Wahrheit zu finden. Auf dem Berg Athos in der gleichnamigen Mönchsrepublik lebt der Eremit Ermolaos seit Jahren allein in seiner Behausung. Alles ist still dort oben.

Seine Sicht auf die Welt, das Leben und darüber hinaus ist komprimierte Weisheit. Er sitzt da, in der Bibliothek des alten Klosters, sieht aus wie die jüngere Version von Luciano Pavarotti und steht uns Rede und Antwort. Hören wir ihm ein bisschen zu, es zahlt sich aus.

Er weiß mehr als wir Ärzte.

Herr Ermolaos, was sind Glaube und Heilung?

Glaube heilt nur unter einer Bedingung: Wenn der Glaube von der Liebe erdrückt ist und zur Liebe führt. In allen anderen Fällen heilt der Glaube nicht. In der Kirche haben 99 Prozent der Menschen keine Ahnung von der Liebe. Warum? Das ist kein Geheimnis, aber ich muss es klar sagen: Gott ist die Liebe, Gott ist eine gewaltige Energie der Liebe. Er ist der Schöpfer, der alles durch Liebe und für Liebe geschaffen hat. Er hat durch seinen Geist eine Wurzel in den Menschen gepflanzt und wir wissen, wie diese Wurzel wächst und was daraus erwächst.

Ohne Liebe kann diese Wurzel nicht wachsen?

Nein! Überhaupt nicht. Sie wird sogar sterben und dann wird der Mensch böse, unwillig. Er weiß nicht, dass er böse ist. Er kann sich nicht erklären, warum er böse ist, warum er hasst, warum er krank ist. Er trägt diese Wurzel der Liebe in sich, aber er entwickelt die Liebe nicht. Er trägt nichts dazu bei, dass diese Wurzel wächst. Je größer der Baum der Liebe im Menschen wächst, desto mehr Gnade. Je mehr Gnade, desto mehr heilt sie den Menschen. Darum soll jeder

Mensch versuchen, diese Wurzel in sich erwachen zu lassen, dann zu heilen, zu prüfen, zu entwickeln.

Diese Liebe ist unabhängig davon, ob jemand z. B. Christ oder Moslem ist?

Das ist absolut unabhängig davon. Auch jemand in Amazonien, der keine Ahnung von Christus, Mohammed oder Buddha hat, wird sich genauso heilen, wenn er für die Liebe lebt, wenn er begreift – zufällig oder auch nicht zufällig durch Gnade. Gott gibt immer einen Schwung dazu. Und wenn man begreift, dass Liebe wichtiger ist, als jemanden zu erniedrigen, zu vernichten oder gar umzubringen, dann wird man immer mehr Gnade und immer mehr von der heiligenden Kraft bekommen.

Das heißt: Ohne Liebe kann der Mensch nicht gesund werden?

Ganz richtig. Man wird sterben. Sterbensschwung erzeugt sich durch Hass. Je mehr ein Mensch hasst, desto kränker wird er. Vielleicht sieht er von außen gesund aus, aber innerlich, geistig, ist er völlig krank, alle seine Organe haben den Schwung zum Sterben. Aber wenn der Mensch sich immer dazu zwingt, jede Sekunde Liebe hervorzubringen, dann wird er sich heilen. Auch wenn er Krebs hat. Auch ich war einmal schwer krank und war damals fundamentalistischer Gläubiger, orthodox, und schätzte diese Dogmen höher als die Liebe und Gott selbst. Und ich wurde immer kränker und kränker. Hass hat mein Herz beständig besetzt und ich wunderte mich immer, warum das so ist. Und dann, nach 20 Jahren Erfahrung mit der Beziehung zu Gott, habe ich es begriffen: Das ist der einzige Weg zu Gott, der einzige Weg zur Liebe und auch zur Gesellschaft. Wenn man das irgendwann einmal begreift, wird man gesünder. Darum müssen wir alle versuchen, unsere Erziehungsmethode, die auf Konkurrenz, Hass, Erniedrigung abzielt, zu ändern. Wie in der Schule, wo wir den Kindern sagen: Du bist clever, du bekommst eine Eins – du bist nicht clever, du bekommst eine schlechte Note. Das ist die falsche Einstellung. Wir dürfen Menschen nicht einander gegenüberstellen. Ganz im Gegenteil: Wenn jemand klug ist, müssen wir lernen, dass diese Person durch Liebe mehr Verantwortung für andere hat.

Eine Gesellschaft kann ohne Liebe nicht sein?

Nein. Der Mensch vernichtet sich immer wieder und die Geschichte hat das gezeigt. Die Geschichte hat bewiesen, dass die Gesellschaft sich zyklisch vernichtet. Der Mensch entwickelt sich zur Liebe, dann vergisst er die Liebe und der Hass macht alles kaputt. Das war immer wieder ist so. Jeder Historiker kann das bestätigen. Aber die Gesellschaft bemüht sich. Ein Beispiel dafür hat Europa gegeben. Die Europäische Union hat dazu beigetragen, die Gesellschaft humanistischer zu machen, es gibt mehr Zusammenhalt. Aber die entgegengesetzten Kräfte wollen das alles vernichten, und um das zu verhindern, muss die Gesellschaft etwas dazu beitragen. Alle diese in Liebe stehenden Menschen sollen sich immer wieder zusammentun und neue Wege finden.

Was ist Gesundheit? Ist es der Körper oder braucht man mehr den Geist, die mentale Stärke?

Ohne geistige Gesundheit gibt es keine leibliche Gesundheit. In unserem Leib befinden sich sozusagen zwei Schalter – Gott hat das so eingestellt, auch evolutionär ist das erklärbar: Der eine heißt Liebe, der andere heißt Hunger. Wenn Menschen ständig versuchen, in Liebe zu leben, bekommt Gott das Signal: Der Mensch muss leben. Wenn der Mensch das auch nur eine Sekunde lang vergisst, wird sofort das Signal für das Sterben gegeben. Wir können uns das so vorstellen: Unser Gehirn gibt aufgrund von guten Gedanken und dem Zustand der Liebe das Signal: Leben, Leben, Leben. Wenn ich das vergesse oder böse werde und hasse, wird sofort das zweite Signal ausgesandt: Sterben, Sterben, Sterben. Wir neiden, wir hassen, wir wollen andere Menschen töten. Krieg! Bomben! Raketen! Das endet in Chaos und Leid.

Sie können das auch theologisch erklären oder beobachten. Menschen, die mit Liebe leben – besonders Familienliebe, gesellschaftlicher Liebe –, leben gut und gesund. Und sie leben länger. Und das zweite Signal ist Hunger. Dazu gehört das Jagen, d. h., der Mensch muss versuchen, für seine Ernährung immer fit, sportlich zu sein. Sich ernähren heißt nicht, in den Supermarkt zu gehen und Waren zu kaufen. Nein. Es bedeutet, physiologisch fit zu sein, Sport zu treiben, Ski zu fahren. Darum dieses Signal »Jagen« – immer physisch fit zu sein, das ist der Jäger-Zustand. Diese zwei Säulen – daran zu arbeiten, immer Liebe zu halten, sich liebevoll zu verhalten, und sich fürs Jagen fit zu halten – senden das Signal Leben aus und das Leben ist stärker und länger und bringt mehr Liebe hervor.

Der WHO zufolge ist Gesundheit körperliches, psychisches und soziales Wohlbefinden. Wie ist das soziale Wohlbefinden eines Eremiten? Reicht das aus, um gesund zu sein?

Mein Zustand ist außergewöhnlich, das ist eine andere Situation. Die Gesellschaft muss sich einigen und zueinanderstehen. Ein Mensch soll nicht wie ein Tier um sein Leben kämpfen müssen. Wenn er geboren wird, soll er sicher sein, dass er ein würdiges Leben führen kann. Auch wenn einer weniger mitbekommt als ein anderer. Was aber sagt die heutige Gesellschaft? Du hast nichts gelernt, hast keinen hohen

IQ – dann bist du ein Idiot und interessierst uns nicht. Das ist falsch. Wenn die Gesellschaft begreift, dass jedes Mitglied eine Verlängerung, ein unbedingter Teil der Gesellschaft ist, dann wird die Gesellschaft zusammenhalten. Jeder Mensch soll sich auf seinem Platz glücklich fühlen. Die Gesellschaft muss das nur begreifen. Ich bin sicher, es werden immer einige clevere Menschen mehr bekommen als andere nicht so clevere. Das ist erklärbar und das ist auch normal.

Denken Sie an die Geschichte im Evangelium, wo Gott als König auftritt, der vor dem Antritt einer Reise drei Personen je ein Talent gibt. Und als er zurückkommt, fragt er die drei, was sie mit ihren jeweiligen Talenten gemacht haben. Das sollten wir tun. Wenn jemand Cleverness als Talent von Gott bekommen hat, dann wird er ihn danach fragen. Aber Menschen, die mit Downsyndrom geboren wurden, würde er nicht fragen, warum sie ihr Talent nicht vermehrt haben. Jeder hat seinen Zustand, seinen Platz in der Gesellschaft. In dieser Gesellschaft müssen wir verantwortungsvoll dafür sorgen, dass sich dieser Mensch auf seinem Platz glücklich fühlt – das ist gesellschaftliche Gesundheit. Wir müssen Prioritäten setzen, dass keine Nationalität, keine Farbe oder kein anderes menschliches Charakteristikum ein besonderes ist, sondern unsere Liebe, unsere Einigkeit, unsere verbindende Energie. Gemeinsam sind wir alle Erdenkinder. Diese Erde ist unsere Heimat. Und wir können es schaffen, auf dieser Erde alle zusammen glücklich zu leben.

Das heißt, wenn wir glücklich leben, wird die Gesellschaft älter, dann lebt der Mensch auch länger?

Ja. Vor 100 Jahren betrug die Lebenserwartung in Europa 60 Jahre. Jetzt sind es fast 80. Oder mehr. Warum? Weil die Gesellschaft gesünder geworden ist – nicht ganz gesund, nicht ideal, leider, aber wir tendieren zu diesem Zustand. Ich bin sicher, 120 Jahre zu leben, ist absolut normal, auch ohne Medizin, ohne Gentechnik – aber wenn Letztere sich weiterentwickelt, bin ich überzeugt, dass die Menschen eines Tages nahezu unsterblich werden. Ja, Genetik ist nicht, wie wir jetzt sagen, irgendein Satansausdruck. Genetik ist, was Gott schon geschaffen hat. Unsere Gentechnologie hat Gott ausgedacht. Er hat sie geschaffen, nicht wir; wir entdecken, ebnen den Weg und sehen, was es gibt. Und Gott will, dass wir das erfahren, damit wir ihn besser kennenlernen. Irgendwann in einiger Zeit werden sich Theologie und Naturwissenschaft einigen. Physiker werden über Gott nachdenken, Theologen werden über physische Gesetze nachdenken. Für den Beweis, dass Gott existiert.

Heilung einst und jetzt: Von wundersam bis Scharlatan

In der Frühzeit machten die Menschen vor allem Dämonen als Ursache für Krankheiten und Schmerzen verantwortlich. Statt der Grippe kam der Ghul. Sie versuchten sich mit Tätowierungen, Armringen oder Amuletten vor bösen Geistern zu schützen. Frauen kam damals eine bedeutende Rolle zu: Sie waren nicht nur die Spenderinnen des Lebens, sondern auch Heilerinnen, Priesterinnen oder Zauberinnen. Mit beschwörenden Worten oder magischen Tränken versuchten sie, verschiedene Erkrankungen zu bekämpfen.

Im antiken Griechenland kam Ende des 5. Jahrhunderts vor Christus die rationale Medizin auf. Hippokrates von Kos und seine Schüler beobachteten erstmals den Körper und seine Zusammensetzung und versuchten, seine Selbstheilung zu unterstützen.

Im Hellenismus entstand dann in Alexandria ein Zentrum für medizinische Forschung. Im dortigen offenen Klima fanden auch Vivisektionen an Menschen und Tieren statt. Das Wissen um den menschlichen Körper wuchs mit jedem Leichnam.

Im alten Rom wurde die griechische Medizin übernommen. Sie etablierte sich aber erst im 1. Jahrhundert nach Christus. Dort entstanden dann auch Schriften wie etwa die achtbändige medizinische Enzyklopädie von Aulus Cornelius Celsus, die bis in die Neuzeit als Standardwerk der Medizin Verwendung fand.

Im Mittelalter kam es in Europa zu einem generellen wissenschaftlichen Rückfall. Die Macht der Kirche war gewachsen und dominierte viele Lebensbereiche. Die konstitutionelle

Schwäche des Menschen, seine Anfälligkeit für Krankheiten und die ständige Bedrohung durch den Tod wurden hauptsächlich als Leid oder Strafe verstanden. Ein Schlag des Schicksals, zack, Pech. In Westeuropa war das Wissen der griechischen Medizin verloren gegangen und in den Klöstern wurde nur Heilkräuterkunde betrieben. Hildegard von Bingen gilt als bekannteste Vertreterin der sogenannten Klostermedizin.

Erst ab dem 13. Jahrhundert gelangte über die Mauren in Spanien die arabische Medizin nach Europa. Diese baute auf dem griechischen Wissen auf und brachte viele neue Erkenntnisse ins Abendland. Es dauerte aber noch einige Jahrhunderte, bis die holistischen, religiös fundierten Weltbilder zu erodieren begannen. Denn den Heilermarkt dominierten damals Bader, Hebammen und Laienheiler. Erst im 16. Jahrhundert begannen sich Ärzte im sogenannten Collegium medicum zu organisieren.

In der Renaissance, zu Beginn der Moderne, sahen die Menschen die Verletzlichkeit der Existenz als eine naturwissenschaftliche Tatsache. Sie lösten sich vom Glauben an eine transzendente Überwelt und definierten die Rolle des Menschen in der Welt neu.

Im 18. Jahrhundert kam, unter dem Einfluss der Romantik, die Idee einer Lebens- und Heilkraft auf. Krankheit sei eine Beeinträchtigung der Lebenskraft. Jedes therapeutische Handeln des Arztes wie auch jede Selbstbehandlung durch den Patienten sollte die individuelle Lebenskraft unterstützen. In der klassischen Homöopathie spielt die Lebenskraft auch heute noch eine zentrale Rolle.

Das 19. Jahrhundert brachte dann vor allem durch die Entwicklungen im Bereich der Naturwissenschaften enorme Fortschritte in der Diagnose und Therapie vieler Krankheiten.

Charles Darwins Evolutionstheorie verstärkte das Interesse an Anatomie und Physiologie. Die Entdeckung der Röntgenstrahlen und der Radioaktivität führte bald zu neuen diagnostischen und therapeutischen Möglichkeiten.

In der Entwicklung des Gesundheitssystems brachte das 19. Jahrhundert mit dem Bau moderner Krankenhäuser, aber auch mit der beginnenden Industrialisierung und der Idee des Wohlfahrtsstaates gewaltige Änderungen: »Ein Staat, der mittels Gesetzgebung und sonstiger Maßnahmen für die soziale Sicherheit, das Wohl seiner Bürger Sorge trägt.« Schön aber auch! Zusätzlich gab es Neuerungen im Bereich des Berufsbildes des Arztes. Durch die Vereinheitlichung der Ausbildung und die Idee des Kammerwesens wurde der Stand der Mediziner standardisiert.

Durch die Neuausrichtung der Medizin mit ihren diagnostischen Möglichkeiten bekam die Medizin plötzlich Macht über Gesund- und Kranksein. Der Arzt wurde zum Übermenschen, zum Herrscher über Leben und Tod. Er wusste über Dinge Bescheid, deren Kenntnis den Normalsterblichen verwehrt war.

Der Staat verstand schnell, dass Armut und Krankheit enorme Kosten verursachten. Gleichzeitig wurde die Aufgabe, für sich selbst zu sorgen, gesund zu bleiben oder sich gesund zu pflegen, zu einer der obersten Bürgerpflichten erklärt.

Die Mediziner begannen sich für das Innere des Menschen zu interessieren. Neue Instrumente machten das möglich. Stethoskop, Ophthalmoskop und Laryngoskop, Mikroskop und Röntgenbild. Letztere ermöglichten eine detaillierte Betrachtung und halfen, Daten über den physiologischen Zustand der Patienten zu erfassen. Der Patient wurde zum messbaren Maschinenkörper. Die subjektive Beziehung zwischen Arzt und Patient wurde abgelöst von einer kühl distanzierten Betrachtung des menschlichen Körpers aus der Sicht eines Naturwissenschaftlers. Der Patient geriet zum Studienobjekt.

Im Verlauf des 20. Jahrhunderts kam es zu mehreren markanten Veränderungen in den industrialisierten Ländern. Parallel zum Anstieg der Lebenserwartung änderte sich auch das Spektrum der Krankheiten und der Todesursachen. Die Gültigkeit der biomedizinischen Betrachtung von Gesundheit und Krankheit wurde hinterfragt, gleichzeitig die Beschäftigung mit der Gesundheit als eines der zentralen Lebensthemen in den Vordergrund gerückt. Gesundheitspsychologie und andere Wissenschaftsdisziplinen entstanden. Die Rolle der Patienten veränderte sich hin zur Selbstbestimmung.

Fortschritt in der Medizin bedeutete für die Gesellschaft einen Wandel. Mehr Lebensjahre, mehr Wohlstand, dafür neue Krankheitsbilder: Typ-2-Diabetes, Hauterkrankungen, Übergewicht, Essstörungen, Neurosen, Kreislaufprobleme, Bluthochdruck, Allergien, Herz- und Gefäßkrankheiten, Schlaganfälle, Depressionen und Burn-out. Die Schatzkiste an modernen Diagnosen ist groß, wie wir schon in den vorangehenden Kapiteln gelesen haben.

Krankheitsbilder ändern sich je nach dem gesellschaftlichen Leistungsbild und den Arbeits- und Lebensbedingungen ihrer Zeit. In der postindustriellen Gesellschaft wandelte sich die Produktivität der Industrialisierung zum kognitiven Leistungsbild der Wissensgesellschaft des 21. Jahrhunderts. Heute stehen Selbstverwirklichung und Wissen im Vordergrund. Wissen auf Knopfdruck.

Die Menschen befassen sich mit ihrem Körper und befinden sich in einem ständigen Prozess der Selbstoptimierung, Human Enhancement ist das Gebot der Stunde. Digitale Transformation, Nanotechnologie, Robotik, Gentechnik und künstliche Intelligenz (KI), zusammengefasst unter dem Begriff Medizin 4.0 – all das wirkt auf das Gesundheitssystem ein. KI-gestützte Diagnoseverfahren, sogenannte Decision-Support-Systeme, sind Computer, verbunden mit medizinischen Datenbanken. Ihre Leistungsfähigkeit übersteigt jede menschliche Möglichkeit. So werden Lungenkrebs oder Schlaganfälle auf Basis von CT-Scans erkannt. Ziel ist es, rasch Diagnosen stellen und Entscheidungen für die Therapie treffen zu können. Der Arzt wird zum Operator. Im besten Fall schafft man so Freiraum, um die Patienten wieder einmal angreifen zu können. Und sie zu fragen: »Wie geht's Ihnen denn heute?«

Die 15 wichtigsten Errungenschaften der Medizin

Das englische Fachmagazin British Medical Journal (BMJ) veröffentlichte 2014 eine große Abstimmung über die größten medizinischen Errungenschaften der Menschheitsgeschichte.

1. Wasserversorgung und Abwassersystem: Erst im späten 19. Jahrhundert wurde der Wissenschaft klar, dass verschmutztes Trinkwasser viele Krankheiten verursachte. In Industrieländern entstanden Leitungssysteme für frisches Wasser und Abwässer. Dennoch: Nach Angaben der WHO haben immer noch über eine Milliarde Menschen weltweit keinen Zugang zu sauberem Trinkwasser. 2,6 Milliarden leben ohne Abwassersystem.

2. Antibiotika: Die Entdeckung der Keimkiller verdankt die Welt einem unachtsamen Wissenschaftler. Alexander Fleming hatte in seinem Labor eine Petrischale mit Bakterien nicht gereinigt. Nach einigen Wochen war darauf eine Substanz gewachsen, die die Erreger auffraß. Die Substanz war Penicillin. Man schrieb das Jahr 1928.

3. Anästhesie: Bis 1846 hatten Mediziner keine wirksame Narkosemöglichkeit während einer Operation. Dann aber betäubte ein Zahnarzt aus Boston einen Patienten mit Äther und führte den ersten schmerzfreien Eingriff durch. Heute kann man sich einen Operationssaal ohne Anästhesisten gar nicht mehr vorstellen. Außer in einem Horrorfilm.

4. Impfung: Den ersten Impfstoff gab es schon 1796 gegen die Pocken. Seither hat die Medizin viele weitere Möglichkeiten entwickelt, um Kinder und Erwachsene vor ansteckenden Krankheiten – etwa Kinderlähmung, Keuchhusten oder Masern – zu bewahren. Mit der Covid-Pandemie ist das Thema Impfung wieder in den Mittelpunkt der Gesellschaft gerückt – und hat sie auch gespalten.

5. DNA-Entschlüsselung: Die Entdeckung der DNA-Struktur als Träger des Erbguts bildete 1953 die Grundlage für die gesamte Genforschung. Von der Entschlüsselung der Gene erhoffen sich viele die großen medizinischen Errungenschaften des 21. Jahrhunderts.

6. Keimtheorie: Louis Pasteur vermutete Ende des 19. Jahrhunderts als Erster winzige Mikroorganismen als Auslöser zahlreicher Krankheiten. Heute kennt man eine Vielzahl unterschiedlicher Erreger und weiß, welche Erkrankungen sie auslösen.

7. Antibabypille: Diese vollkommen neuartige Form der Empfängnisverhütung revolutionierte in den 1960er-Jahren die Sexualität.

8. Evidenzbasierte Medizin: Der Begriff entstand in den 1990er-Jahren und umschreibt die Basis moderner medizinischer Therapien: Eine Behandlung erfolgt nach aktuellen Forschungserkenntnissen, den individuellen Daten des Patienten und den Erfahrungswerten des Arztes.

9. Röntgen & Co.: 1895 erlaubten die ersten Röntgenaufnahmen einen Blick ins Körperinnere. Moderne bildgebende Verfahren wie etwa die Computer- oder Magnetresonanztomografie können kleinste Details des Organismus sichtbar machen.

10. Computer: Mediziner speichern die Daten ihrer Patienten, tauschen sich mit anderen Experten aus und holen sich jede nur erdenkliche medizinische Information. Das Internet ermöglicht auch jedem Laien Zugang zu mehr Informationen über Gesundheit, als man es noch vor zehn Jahren für möglich gehalten hat. Wissen ist Allgemeingut.

11. Orale Rehydrationstherapie: Die simple Behandlung mit einer Salz-Zucker-Lösung unter der Bezeichnung ORT gibt es seit 1964. Die lebensrettende Flüssigkeitszufuhr kann verhindern, dass der Körper austrocknet – bei Durchfall, aber auch bei schweren Krankheiten wie Cholera. ORT rettet vor allem Kinder in der Dritten Welt.

12. Immunologie: Die Erforschung des Immunsystems geht bis auf das Jahr 1798 zurück, als die erste Impfung gegen Pocken körpereigene Abwehrkräfte mobilisierte. Die Immunologie will Phänomene wie Allergien und Autoimmunkrankheiten enträtseln.

13. Rauchrisiko: Schon in den 1950er-Jahren stellten erste Studien einen Zusammenhang zwischen Rauchen und Lungenkrebs fest. Seither wurden zahlreiche weitere Gesundheitsgefahren entdeckt, für die der Tabakrauch verantwortlich ist. Neben dem Übergewicht hat das Rauchen von allen selbst verschuldeten Gesundheitsrisiken die größte Bedeutung.

14. Psychopharmaka: 1952 wurde Chlorpromazin als erstes Medikament gegen schwere Psychosen wie Halluzinationen und Wahnvorstellungen entdeckt. Das Medikament ging mit einem besseren Verständnis der biologischen Ursachen psychischer Krankheiten einher. Es trug nach Meinung von Experten auch zu einem menschlicheren Umgang mit den Patienten bei.

15. Zellkulturen: Die Möglichkeit, Gewebeproben in einer speziellen Kultur am Leben zu halten, wurde schon 1907 entdeckt. Es dauerte aber bis in die 1950er-Jahre, bis daraus ein wichtiges Diagnoseinstrument entstanden war.

Exkurs: Traditionelle Chinesische Medizin (TCM)

7000 Kilometer entfernt entwickelte sich in China ein ganz anderer Zugang zur Medizin. Experten sind sich heute uneinig, ob die Anfänge der Medizin in China 2000 oder gar 6000 Jahre zurückliegen. Tatsache ist, dass das Heilkundesystem dort in den vergangenen Jahrhunderten oder Jahrtausenden immer weiterentwickelt wurde. Als die westliche Medizin im 19. Jahrhundert durch die Entwicklung von Wissenschaft und Technik immer größere Fortschritte erzielte, traten die alten Weisheiten auch in China immer mehr in den Hintergrund. Erst unter Mao Zedong, in den 1950er-Jahren, wurde die chinesische Heilkunst als nationales Eigenwerk wieder erforscht.

In den 1970er-Jahren gelangte mit der politischen Öffnung Chinas die fernöstliche Heilkunst – besonders die Akupunktur – in westliche Hemisphären. Im Gegensatz zur westlichen Medizin, die sich an den Naturwissenschaften orientiert, ist die TCM eine funktionale Wissenschaft. Die Lebensenergie, die durch den Körper fließt, und die Gesamtheit des Menschen stehen im Vordergrund.

TCM hat einen präventiven Ansatz. So wird der Patient erst einmal über Ernährung, Bewegung und Lebensführung beraten. Die Patienten bezahlten ihre Ärzte im alten China auch nur dann, wenn sie gesund waren. Kam es trotzdem zu einer Erkrankung, versuchte der chinesische Arzt mit Akupunktur und Kräutertherapie, diese Unpässlichkeiten zu bekämpfen.

Was sind die Fehler in unserem Gesundheitssystem?
Schon 2018, ein Jahr bevor das Coronavirus in China entdeckt wurde und bald darauf die Pandemie auslöste, hatten Experten gewarnt, dass das österreichische Gesundheitssystem kurz vor dem Kollaps stehe. 75 Prozent der Gesundheitsausgaben flossen schon damals in die Behandlung chronischer Erkrankungen. Der Hauptgrund dafür: Die oft monatelangen Wartezeiten bei Ärzten im niedergelassenen Bereich, also bei Ärzten mit einer Praxis, lassen immer mehr Patienten Spitalsambulanzen aufsuchen. Für das Gesundheitssystem ist das ein Wahnsinn, weil Patienten in Spitalsambulanzen mehr Geld kosten als bei einem Arzt in seiner Praxis.

Vorbild Dänemark
Ende der 1990er-Jahre wurde das Gesundheitssystem in Dänemark reformiert, zwei Drittel der Kliniken wurden geschlossen oder zusammengelegt. Gleichzeitig wurden die Primärversorgung, Ambulanzzentren und Rehakliniken massiv ausgebaut. Denn eine Behandlung im Spital ist nicht automatisch besser; viele gesundheitliche Probleme lassen sich im ambulanten Bereich genauso gut oder sogar effizienter lösen. Nur wer schwer erkrankt ist, kommt in Dänemark noch in eine Klinik. Heute sind 98 Prozent der Dänen bei einem Hausarzt eingeschrieben.

Der Schlüssel für ein nachhaltiges Gesundheitssystem liegt in der Prävention. Damit sich Menschen gesund verhalten, müssen die Rahmenbedingungen, unter denen sie leben und arbeiten, geändert werden. Zahlreiche Studien haben gezeigt, dass sich die Bevölkerung mehr bewegt, wenn das öffentliche

Verkehrsnetz ausgebaut, Stadtteile verkehrsberuhigt und zusätzliche Grünflächen angelegt werden.

Schulmedizin in Verruf

Für viele Menschen hat die Schulmedizin heute ein schlechtes Image. Sie setzen Schulmedizin mit einem Krankenhaus gleich, aus dem nur die wenigsten wieder lebend herauskommen. Für sie bedeutet der Begriff »Schulmedizin« Tabletten und Operationen. Und aufgrund der Nebenwirkungen lehnen viele Menschen Medikamente ab. Sie haben vielleicht von irgendjemandem gehört, dessen Bekannter einen Freund hat, der irgendeine Erkrankung hatte und diese auf alternativem Weg erfolgreich bekämpft hat. Gerüchte von wundersamen Heilungen verbreiten sich wie ein Geschwür. Die einen schwören auf Globuli, die anderen auf Kräuter und Säfte, die jede Krankheit im Nu ungeschehen machen sollen. Dazu ein bisschen pendeln und rückführen – und fertig ist der gesunde Mensch.

Nebenbei trägt das Internet zu dieser Ablehnung der Schulmedizin bei. Dort findet der Laie unzählige Antworten. Und es gibt Foren, wo man einfach eine Frage hinschreibt, die irgendwer dann beantwortet. Zwar gibt es auch viele Seiten im Web, die von Ärzten betrieben werden und einen fundierten medizinischen Hintergrund aufweisen, wer den Leuten antwortet, ist aber letztlich egal. Gutgläubige Menschen nehmen die Antwort für bare Münze. Sie denken: Da hat sich jemand für meine Probleme richtig Zeit genommen. Etwas, das sie im regulären Gesundheitsbetrieb oft vermissen. Denn viele Ärzte sind gestresst, haben zum Bersten volle Wartezimmer. Manche nehmen sich nur einige Minuten Zeit, bis er heißt: »Der Nächste, bitte.« Kassenmedizin ist Fließbandmedizin.

Wunderheiler und Scharlatane

Kein Wunder also, dass es viele Menschen zu Alternativmedizinern zieht. Vielleicht aus Neugier oder weil irgendjemand gesagt hat: »Der hat dem Fritz auch geholfen.« Na, dann. Rund 19.000 Energetiker sind in Österreich registriert. Die Branche boomt und ist innerhalb der Wirtschaftskammer der am schnellsten wachsende Geschäftszweig.

Was macht ein Energetiker?

Er beschäftigt sich mit der »feinstofflichen Ebene«, behandelt »Energiefelder«. Dazu bedient er sich verschiedener Methoden: Er pendelt den Energiefluss im Körper des Patienten aus, verwendet energetische Essenzen, lässt beruhigende Musik im Hintergrund laufen und bereichert die heilsame Atmosphäre mit Räucherstäbchen. Die Wissenschaft konnte bislang die Wirkung keiner dieser Methoden nachweisen. Aber die Menschen wollen daran glauben. Humbug ist so ein negatives Wort.

Tippt man den Begriff »Heiler« in die Google-Suchzeile ein, kommen 4,47 Millionen Treffer. Ein Heiler verspricht Geistheilung durch Handauflegen, ein anderer verwendet den Begriff »Geistige Medizin« und wieder ein anderer rühmt sich, ein »Gesundbeter« zu sein.

Beim Begriff »Schamane« spukt das Internet 1,78 Millionen Ergebnisse aus. Im Umkreis von Wien gibt es etwa einen »Schamanen des göttlichen Funkens«, ein »spirituelles Zentrum« oder auch eine »Schamanin der Seele«. Energetiker ist ein freies Gewerbe. Jeder kann sich der kosmischen Energie bedienen und seinen Klienten Honorarnoten schreiben. Ausbildungsmöglichkeiten zum Energetiker gibt es in Österreich zuhauf.

Wie sieht die Behandlung bei einem Energetiker aus?

Ein Beispiel: Während der Patient vor dem Energetiker sitzt und ihm von seinen Beschwerden berichtet, schüttelt der

Energetiker ständig seine linke Hand, in der er einen Kugelschreiber hält. Für den Patienten sieht die Bewegung so aus, als wäre der Kugelschreiber alt und der Energetiker wolle mit der Handbewegung den letzten Rest der ausgetrockneten Tinte zum Schreibkopf schütteln. Oder böse Dämonen wegzittern. Als der Patient mit seinem Monolog fertig ist, rät ihm der Energetiker, Ruhephasen in seinen Alltag einzubauen, und beendet das Schütteln.

Ergebnis: keine Änderung des Gemütszustands beim Patienten.

Anderes Beispiel: Ein Energetiker malt dem Patienten mit einem Filzstift einige Symbole auf beide Füße und Knöchel. Zur Therapie soll der Patient diese Zeichen – die beim Duschen natürlich verblassen – drei Wochen lang mit einem Filzstift nachzeichnen. Nach einer Woche fragt sich der Patient, was er da eigentlich macht, während er seine Knöchel bemalt.

Ergebnis: keine Änderung des Gemütszustands beim Patienten.

Aber beide Behandlungen haben je 80 Euro gekostet.

Der eigene Gemütszustand ist zum Konsumgut geworden. In Deutschland etwa setzt die Esoterik-Branche jährlich mehr als 20 Milliarden Euro um. Mancherorts hört man den Satz: »Aber glauben müssen Sie schon dran.« Freilich.

In österreichischen Spitälern gehen Priester der katholischen Kirche durch die Patientenzimmer und legen Broschüren auf die Nachtkästchen, auf deren Cover steht: »Glaube und Hoffnung sind die besten Ärzte.« Wie kann man da der Schulmedizin noch trauen?

Wie erkenne ich einen Scharlatan?

Wer nach alternativmedizinischen Therapien und Anbietern sucht, sollte bestimmte Warnhinweise beachten. Denn unter den Naturheilern, Schamanen und Energetikern gibt es auch viele Scharlatane.

Auf Folgendes sollten Sie achten:

- Wenn der Alternativmediziner ein Arzneimittel gegen alles verabreicht und es womöglich noch als Geheimrezept anpreist, sollten erstmals die Alarmglocken läuten.
- Wenn der Heiler hundertprozentige Heilung verspricht, kann das Angebot nicht seriös sein.
- Sind Sie schon länger bei einem Alternativmediziner in Behandlung, jedoch ohne jeden Erfolg, sollten Sie die Therapie hinterfragen.
- Scharlatane halten nichts von der Meinung anderer Mediziner, stehen der Schulmedizin kritisch gegenüber. Gute Alternativmediziner, die ihre Aufgabe als Ergänzung zur Schulmedizin sehen – und nicht als Ersatz –, sind am Austausch interessiert.
- Bevor Sie zu einem Heiler gehen, rufen Sie ihn an und schildern Sie ihm Ihr Problem. Wenn Sie schon per Telefon ein Heilversprechen erhalten, legen Sie besser wieder auf. Und gehen doch zu einem richtigen Arzt.

Der Heilwald

Seit 1. Juli 2020 hat Österreich seinen ersten zertifizierten Heilwald. Dieser gehört zum Kurzentrum in Senftenberg bei Krems in Niederösterreich. Der wundersame Wald liegt gleich neben der Anstalt. »Die Waldtherapie ist eine forschungsbasierte Methode im Rahmen der neuen Naturtherapien, die darauf abzielt, das Lebens- und Ökosystem Wald angeleitet und begleitet durch fachlich geschulte ExpertInnen (WaldtherapeutInnen, Wald-GesundheitsberaterInnen) als gesundheitsfördernden und heilsamen Erfahrungsraum zu nutzen«, heißt es auf der Homepage nuhrmedicalcenter.com.

Im Heilwald gibt es einen Kraftplatz mit einem Geländer zum Liegestützdrücken, einen Ruheplatz mit einer Hängematte oder eine Motorikstrecke mit unterschiedlichem Belag: Schotter, Holz oder Sand.

Natürlich verfügt das Waldklima über zahlreiche gesundheitsfördernde Elemente, zum Beispiel reine Luft, hohe Luftfeuchtigkeit, niedrige Lufttemperatur und spezielle Lichtverhältnisse. Dieses Klima führt zur Entlastung der Atemwege, Verbesserung der Stimmung und hat daher eine nachweislich positive Wirkung auf die Psyche und die körperliche Leistungsfähigkeit. Bei einem Waldspaziergang – allerdings in jedem Wald – atmen wir Stoffe ein, mit denen Pflanzen untereinander Botschaften austauschen, sogenannte Terpene. Diese stärken unser Immunsystem.

In Japan zählen Waldbesuche zur Gesundheitsvorsorge. »Shinrin Yoku« bedeutet übersetzt »Waldbaden«. Schon vor zehn Jahren wurde an japanischen Universitäten ein eigener Forschungszweig für »Waldmedizin« eingerichtet.

Der Heilwald in Senftenberg ist von April bis Oktober geöffnet. Der Eintritt ist frei.

Von Fall zu Fall geheilt: Kunst und Kreativität

»Vor zehn Jahren hatte ich ein Pankreaskarzinom«, beginnt Primarius Dr. Peter Lind seine Erzählung über seine Erkrankung. Der Professor, Vorstand der Nuklearmedizin im Klinikum Klagenfurt, erhielt 2011 die Diagnose und sie war für ihn wie ein Hammerschlag.

Bauchspeicheldrüsenkrebs ist eine der tödlichsten Krebsarten überhaupt. Bei rund 1900 Menschen in Österreich wird sie jährlich diagnostiziert. Durch eine Operation und die nachfolgende Chemotherapie ist im Frühstadium eine Heilung möglich. Manchmal. Hat sich der Krebs zu weit ausgebreitet, kann durch Maßnahmen eine Lebensverlängerung »um ein paar Jahre ab der Diagnose« erreicht werden, sagen Ärzte. Die Fünf-Jahres-Überlebensrate nach einer Operation liegt heute bei 10 bis 20 Prozent.

Aber der Tumor wird oft spät erkannt, weil es keine Frühsymptome gibt, die auf ein Pankreaskarzinom hinweisen. Rückenschmerzen, plötzliches Auftreten einer Blutzuckererkrankung, Gelbsucht oder unerklärter Gewichtsverlust sind Spätsymptome, die in einem fortgeschrittenen Stadium verursacht werden. Auch wenn ein Pankreaskarzinom seltener auftritt als Brust-, Prostata- oder Darmkrebs, ist die Diagnose mit einem nahenden Ende gleichzusetzen.

Damals stand Peter Lind ständig unter Stress. Es war die Zeit, in der eine Übersiedlung des Klinikums anstand. Und der Primarius saß in der Direktion. »In der Früh, nachdem ich aufgestanden und ins Spital gehetzt war, habe ich nicht gewusst, welche Mappe ich zum Unterschreiben zuerst nehmen soll.« Auf seinem Schreibtisch hatte er Regelwerke von mehreren Hundert Seiten vor sich liegen. Die hätte er alle an einem Tag erledigen sollen. Er war dafür verantwortlich.

»Es hat mich gevierteilt«, sagt er. »Einer zieht bei den Füßen, der andere zieht bei den Händen und du sagst: Wie lange halte ich das aus?«

Und auch privat lief es zu dieser Zeit nicht gerade perfekt. Peter Lind ist mit Leib und Seele Mediziner. Er war wissenschaftlich viel im Ausland unterwegs und leitete zahlreiche Kongresse, was für das Familienleben nicht förderlich war, sodass seine damalige Frau und er sich auseinandergelebt hatten. Die Liebe fing an zu bröckeln. Und dann die Diagnose. Der Vorschlaghammer auf der Seele.

Peter Lind begann sich erstmals in seinem Leben mit der eigenen Endlichkeit auseinanderzusetzen. Die innere Stimme sagte ihm: Leb so weiter, wie du bisher gelebt hast, weil wenn das alles so falsch gewesen wäre, dann wäre das Leben sinnlos gewesen. Und so machte Peter Lind einfach weiter. Er ging in der Früh als Patient zur Chemotherapie in ein anderes Gebäude des Klinikums. Um elf Uhr war er bei der Visite in seiner Abteilung wieder behandelnder Arzt.

»Ich glaube«, sagt er heute, »das Entscheidende ist, dass man ein bisschen auf das Immunsystem hört, aber nicht einfach in totale Angst verfällt und alles schwächt, was es zu schwächen gibt.«

Nach der Operation platzte bei Peter Lind eine Naht auf und es bildete sich ein galliger Abszess von 600 Millilitern, wie wir Ärzte das präzise nennen. Der Auswuchs wurde rechtzeitig entdeckt, punktiert und drainiert. Aber durch den Riss war Gallenflüssigkeit in das Operationsgebiet gelangt. Der Professor ist der Überzeugung, dass die »grünen Gallenmännchen die letzten Tumorzellen eliminiert haben«. Sein Operateur widerspricht dieser Vorstellung. Betrachtet man die Gesamtheit, stellt sich die Frage, ob nicht doch Glaube und Vertrauen in die Medizin, und vor allem in sich selbst, zum Heilungsprozess beitragen.

Dem Leser und der Leserin kann das herzlich egal sein. Manchmal ist der mögliche Tod nur eine Chance, die sich verschlechtert oder eben nicht. Die Wissenschaft lässt sich nicht lumpen und der Fortschritt ist der größte Feind des Grimmen Schnitters.

Bei der Chemotherapie und insbesondere der Behandlung von Bauchspeicheldrüsenkrebs gibt es seit damals deutliche Verbesserungen. 2018 stellte eine kanadische Forschergruppe eine Studie vor, wonach eine Therapie mit einer Vierfachkombination an Medikamenten die Überlebenschancen der Patienten verdoppeln könnte.

2011 gab es diese Idee mit der Vierfachkombination noch nicht. Peter Lind überlebte seine Erkrankung und ist heute geheilt. Was aus medizinischer Sicht eigentlich unmöglich ist. Er hat eine Theorie: »Ich glaube, dass es ganz wichtig war, keine Angst gehabt zu haben, sterben zu müssen«, sagt er. »Und ich denke, wesentlich ist das eigene Wollen. Sich nicht Fragen zu stellen wie: Um Gottes willen, wieso betrifft das mich? Ich habe mich das nie gefragt. Ich habe akzeptiert, dass die Situation jetzt eben so ist, da muss ich durch, und fertig.«

Aber Peter Lind sieht großen Handlungsbedarf in der Medizin. Was ihm letztlich wirklich etwas gebracht hat, war die Empathie, mit der ihm der behandelnde Arzt begegnete – übrigens einer der Autoren dieses Buches. Verständnis und Mitgefühl sind erstaunliche Therapiekonzepte. Sie können Todgeweihte heilen und Naturgesetze aufheben.

*

Eine persönliche Erzählung von Günther Stotz

Der Maler, Zeichner, Grafikdesigner, Illustrator und Bildhauer Günther Stotz verbrachte 13 Jahre als Motion Picture Designer in Hollywood. Unter anderem gestaltete er die Printkampagne für den mit fünf Oscars prämierten Film Rain Main mit Dustin Hoffman und Tom Cruise.

Günther Stotz bekam zahlreiche internationale Auszeichnungen und Preise.

Heute lebt er wieder in Österreich und berichtet von einem Erlebnis aus seiner Kindheit.

Vom Glücksgefühl des Einsseins mit sich und der Welt

In meiner Erinnerung bin ich fünf. Wirklich? Vielleicht bin ich sechs. Ich kann fünf oder sechs eigentlich nicht mehr nachfühlen. Ich bilde mir ein, noch nicht zur Schule zu gehen.

An einem schönen Sommertag bin ich mit meinem Fahrrad unterwegs, strample rund um das Flugfeld in Richtung der Ziegelteiche, um der Langeweile zu entgehen. Anscheinend ist der Hansi nicht da und auch sonst kein Spielgefährte in Sicht. Ich will einen Haselnussstab abschneiden und beschnitzen, eine meiner Lieblingsbeschäftigungen.

Der Tag herrlich, warm, sonnig, nachdem es am Morgen geregnet hat. Sonne über Pfützen. Ich fahre schnell, damit ist immer etwas Aufregendes verbunden.

Mein Fahrrad lehnt halb an der steilen, grasbewachsenen Böschung, die ich mir als Rastplatz ausgesucht habe, halb liegt es, direkt unter einem Haselnussstrauch. Ich will ein wenig verschnaufen, bevor ich mit meinem Taschenmesser zu Werke gehe.

Unweit von mir steht linker Hand ein Bauernhof, davor eine uralte, riesige Linde, Hühner und einige Gänse laufen frei auf der Straße herum, wie es damals noch üblich war –

es gibt ja so gut wie keinen Verkehr, sehr wenige Autos. Der Hofhund beäugt mich argwöhnisch und bewacht aufmerksam seine gefiederten Schützlinge, legt sich dann wieder seufzend auf seine Vorderpfoten. Rechts von mir befindet sich in einiger Entfernung ein Wald, eine dunkle Front von stummen Fichten rahmt das Blickfeld ein. Die Straße verliert sich in das Dunkel des Waldes hinein Richtung Atschalas und St. Georgen am Sandhof.

Halb liege ich, halb lehne ich an der Böschung, stütze mich bequem mit den Füßen unten ab, spüre die Grasbüschel unter meinem Rücken, die Lederhose ein guter Schutz vor stupsigem Zeug, Ameisen und dergleichen. Ich stecke mir einen Grashalm zwischen die Zähne, kaue daran, sehe mich um. Links und rechts von mir erstreckt sich der Rain, davor die steinige Schotterlandstraße, damals noch ungeteert wie die meisten Straßen der Umgebung. Jenseits davon ein gelbes Weizenfeld, riesengroß, das scheinbar bis zum Horizont reicht. Dahinter sehe ich im blauen Dunst die Hügel der Sattnitz und in weiterer Entfernung undeutlich die steilen und schroffen steinernen Berge der Karawankenkette. Meine Heimatstadt Klagenfurt liegt in einer Senke, für mich nicht sichtbar, bis auf die schemenhaften und zitternden Spitzen des Domes, des Landhauses und der Stadtpfarrkirche. Ich fühle mich entspannt, mein Atem hat sich beruhigt. Die Sonne brennt auf alles nieder, mein Kopf liegt im Schatten, mein Körper rekelt sich wohlig in der Wärme. Ich bin glücklich und zufrieden, summe ein Lied vor mich hin, habe kein Problem, bin ganz weich und warm.

Ich betrachte das herrliche Weizenfeld vor mir, das sich langsam bewegt, wenn der träge Sommerwind damit spielt. Die Luft ist heiß, sirrend, sammelt sich über den Ähren. Mir ist heiß, ich fühle mich wohl dabei. Nach einigem Hinschauen erscheint es mir, als ob ich eine Fata Morgana sehe, denn mein

Blick wird getrübt durch diese hypnotisierende Bewegung der gelben Stämme und der Reihen der Körner obendran. Alles rund um mich summt, rauscht, flüstert. Ich beobachte die Schmetterlinge, Fliegen, Gelsen, Bremsen, all das summende und brummende Getier, das rund um meinen Kopf einen Reigen tanzt. Die Vögel flitzen hin und her, zwitschern und zirpen nach Herzenslust. Eine Hummel landet brummend im Gebüsch nebenan.

Ich spüre totale Gelassenheit, mein Blick schweift in die Ferne, verliert sich in dem dunstigen Gelb des Weizens, das zu etwas Undefinierbarem verglüht. Ich sinke hinein ins Gras, gebe mich diesem wonnigen Gefühl hin, verfalle in eine Art Trance. Es ist, als ob mich die Natur dazu einlädt, mich ihr ganz und gar hinzugeben. Mich in ihren Schoß zu legen, mich in die Arme von Mutter Erde zu schmiegen. Mich ganz in ihr zu vergessen, mich in ihr zu verlieren.

Mehr und mehr wird es mir zur Gewissheit, dass mein Wohlgefühl sich zu etwas bisher Ungeahntem hin entwickelt. Etwas Unbekanntem. Ein Gefühl von Verschmelzung mit der Natur rund um mich, eine Gewissheit des Einsseins mit allem rundherum, mit dem Göttlichen. Es fühlt sich so wundervoll an, dass es mir den Rücken herunterrieselt vor Wonne. Ich werde eins mit der Erde, auf der ich liege, mein Blick wird eins mit dem, was mein Auge sieht, mein ganzer Körper versenkt sich in dieses Gefühl. Es ist, wie in einen großen gelben Wattebausch einzutauchen, sich darin wollüstig zu rekeln, alle Sinne darauf konzentriert, das zu erleben. Es ist fantastisch, zu spüren, wie sehr ich Teil des Großen und Ganzen bin, wie willkommen ich mich fühle mit allen Dingen rund um mich. Alle meine Sinne werden eins, Hören, Fühlen, Sehen, Riechen, Schmecken, all das verschmilzt zu einer Einheit, zu etwas Gewaltigem, das unendlich größer ist als ich.

Ich denke mir, ich bin klein und riesengroß zugleich. Ich bin alles rundherum und alles rundherum ist ich. Eindeutig erscheint mir die Tatsache, dass Gott überall ist, rund um mich herum und auch tief und fest in mir drin. Ich bin alles und nichts, bin nichts und alles gleichzeitig. Es spielt auch keine Rolle, es darf alles sein, wie es ist. Ich hege keine Zweifel an der göttlichen Endlosigkeit und dem gnadenvollen Erfüllt-Sein, das mich in den Bann zieht. Ich gebe mich dieser Gnade hin.

Wie lange das anhielt, weiß ich nicht, aber es muss einige Zeit gedauert haben, denn plötzlich erwachte ich wie aus einem tiefen Schlaf und sah, dass die Schatten länger geworden waren. Ich riss mich aus meiner Träumerei, seufzte tief und machte mir bewusst, dass es Zeit war, wieder nach Hause zu radeln. Das schöne Erlebnis jedoch hatte sich mir eingeprägt, es war ein Teil von mir geworden, unvergesslich und unerklärlich. Ich versprach mir, dieses Hochgefühl nie zu vergessen, sagte mir das auch vor, während ich in die Pedale stieg. Ich habe es bis zum heutigen Tag nicht vergessen. Es ist so präsent wie eh und je, dieses Gefühl des Göttlichen. Es hat sich in mir erhalten, füllt mich aus. Ich kann es nach Bedarf aus meiner Erinnerung abrufen und mich daran laben. Was mir in Krisenzeiten sehr zugutekommt. Wer einmal das Göttliche in sich verspürt hat, zehrt davon ein ganzes Leben lang.

Setzen wir uns kurz zusammen und reden wir mit diesem Günther Stotz.

Er wirkt so ruhig. Ausgeglichen. Mit sich im Reinen. Wie klappt Selbstheilung aus seiner Sicht? Kann Kreativität Leben retten? Ist Kunst Magie?

Er lächelt. »Aber sicher«, sagt er, »reden wir darüber.«

Herr Stotz, gibt es eine innere Stimme, die Ihnen sagt, was man tun soll, um Selbstheilungskräfte zu aktivieren?

Es ist nicht wirklich eine innere Stimme, aber ein innerer Diskurs, beispielsweise über Moral, Kreativität oder Spiritualität. Ich bin ein sehr visueller Typ. Da ist es bei mir eher ein innerer Stift, der Dinge, Konturen oder Umrisse nachzeichnet, aber keine innere Stimme.

Und wenn es Ihnen einmal schlecht geht?

Mir waren meine Ängste immer sehr bewusst und es ist mir manchmal gelungen – ich kann das gar nicht einmal so wirklich beschreiben –, auf meinen Ängsten zu fliegen. Dann erhebe ich mich über diese Probleme, die Problematiken, die Furcht in meinem Leben hinweg und ziehe mich quasi heraus aus diesem Dilemma, in dem ich gerade bin. Die beste Art und Weise damit umzugehen, ist die Kreativität. Ich versenke mich dann, wenn es mir schlecht geht, in eine mir zugängliche Welt, in der ich ganz allein präsent bin. Das ist die Welt der Schöpfung, die Welt der Kreativität, wo ich einfach male, zeichne und mich hinausbewege aus der Problematik. Aus dem Schlimmen, was mir vielleicht gerade zustößt. Und dort fühle ich mich geborgen, dort fühle ich mich daheim, dort fühle ich mich vor allem sicher. Und kreiere meine eigene Welt in diesem Kosmos, in diesem Kokon. Ich bewege mich in meinem eigenen Kokon, weil ich mich so glücklich fühle, wenn ich kreativ bin, und das ist für mich immer die allerbeste Selbstheilung gewesen – schon von klein auf.

Wann haben Sie gemerkt, dass die Kreativität Ihnen innewohnt?

Ich bin mit Nazieltern aufgewachsen. Mein Vater hatte es sich zur Aufgabe gemacht, meinen Willen zu brechen. Er meinte, nur dadurch würde man ein guter Bürger. Und meine Mutter glaubte, wenn man ein Kind nicht schlägt, wird nichts aus ihm. So bin ich aufgewachsen. Mit Schlägen, die natürlich bewirkten, dass ich mich wertlos fühlte, und diese Wertlosigkeit war schwer zu ertragen. Deshalb habe ich mich in eine andere Welt geflüchtet, in meine kreative Welt, wo ich mich sicher und geborgen fühlte. Neben den Schlägen gab es auch Liebe. Aber als Kind kann man das nicht so gut auseinanderdividieren. Mit 18 verließ ich mein Elternhaus – nach dem Bundesheer. Erst da konnte ich mich entfalten und eine eigene Persönlichkeit entwickeln, die davor völlig unterdrückt war.

Wie sind Sie zum Grafikdesign gekommen?

Ich hatte damals keine Ahnung, dass es diesen Beruf gibt. Ich zeichnete schon als Bub bei den Pfadfindern Logbücher voll. Im Jugendklub gestaltete ich die Schaufenster. Für die ersten Rock-'n'-Roll-Bands, die nach Klagenfurt gekommen sind, zeichnete ich die Plakate und hängte sie auf. Beim Bundesheer hatte ich einen Kollegen, der gerade die Grafische fertig gemacht hatte. In einem Nachtdienst sagte er zu mir: »Du bist begabt, du solltest auf die Grafische gehen.« Ich wollte wissen, was das ist. Nach dem Bundesheer machte ich dann die Aufnahmeprüfung und studierte fünf Jahre Grafikdesign.

Gibt Ihnen die Kreativität Energie für die Gesundheit?

Ich glaube, dass der Geist und die Gesundheit des Geistes maßgeblich dafür verantwortlich sind, dass auch der Körper gesund ist. Wenn ich mich in meine kreative Welt versenke, muss ich körperlich gesund sein. Ich habe das oft erlebt und erlebe es natürlich nach wie vor, dass ich zum Beispiel beim

Aktzeichnen in eine Art Trance verfalle. Ein Wegrücken von der Realität. Ich versenke mich so in das, was ich gerade tue, dass ich die Distanz zwischen dem Modell, meinem Auge und zurück zu dem Blatt Papier auf einen Zentimeter verkürze – visuell gesprochen. Dann wache ich aus meiner Trance auf, schaue das fertige Werk an und wundere mich selbst: Wow, habe ich das jetzt gemacht?

Was ist stärker für die innere Kraft: die Kunst, die Kreativität oder die Familie?

Zum 18. Geburtstag meiner Tochter Lilith habe ich im Familienkreis eine kleine Rede gehalten und gesagt, dass ich ein sehr bewegtes und interessantes Leben hinter mir habe – ich war damals 68 Jahre –, dass aber die letzten 18 Jahre mit Lilith die schönsten meines Lebens waren. Diese Zeit mit meiner Tochter und diese Erfahrung, eben nicht das weiterzugeben, was man als Kind kennengelernt hat, sondern sich darum zu bemühen, dass das Kind ein gesunder Erwachsener wird. Es ist unglaublich für mich, dass mir das trotz meiner Geschichte als Kind gelungen ist, aber gleichbedeutend ist auch meine Kunst. Ich kann das eine nicht vom anderen trennen. Das sind zwei Elemente, die so wichtig waren in meinem Leben, aber die Kunst ist nach wie vor maßgeblich. Ich bin jetzt 72 und ich male, zeichne und mache Skulpturen nach wie vor.

Was ist Ihnen wichtiger: Schulmedizin oder Alternativmedizin?

Damals in den USA – ich war 33 – bin ich über das Wort *abuse* gestolpert, Missbrauch. Die Erlebnisse aus meiner Kindheit sind mit aller Macht aus mir herausgebrochen. Ich habe eine Therapie begonnen. Und dann sehr viele verschiedene Therapieformen gemacht. Ich habe mich gefunden und gelernt, meinen Eltern zu vergeben. Aber da hat mir Schamanismus geholfen. Mir hat die Wissenschaft geholfen. Mir hat die Gesprächstherapie nach Sigmund Freud geholfen. Und am besten angeschlagen hat Tantra. Ich habe Lehrer gefunden, die die Weisheiten vom Osho, also vom ehemaligen Bhagwan Rajneesh, verwestlicht haben, und ich habe zwölf Jahre lang Tantrismus studiert, immer wieder, jedes Jahr mehrere Wochen. In diesen Arbeiten ging es um körperliche, seelische und geistige Betätigung. Da kamen Praktiken vom Schamanismus mit dem Einfluss der nordamerikanischen Indianer dazu und wissenschaftliche Erkenntnisse wie beispielsweise das Spiegeln. Ich finde, dass beide Geisteshaltungen Berechtigung haben – Schamanismus, schamanistische Praktiken, Urreligionen, alle Dinge fließen zusammen. Ich möchte die Wissenschaft natürlich nicht leugnen. Ich bin kein Querdenker.

Angenommen, Sie hätten eine Lungenentzündung, wohin gehen Sie: zum Arzt oder zum Schamanen?

Natürlich zum Arzt. Das ist ganz klar. Also wenn der Schamane sagt »Ich kann dich heilen« und sich dann auf die mittlere oder untere Ebene begibt, um den verlorenen Seelenteil, der die Krankheit verursacht, zu finden und wieder zu mir zurückzubringen, um mich zu heilen – da bin ich schon ein bisschen skeptisch. Wenn es hingegen um Geistiges geht, etwa um Ängste, ist der Schamanismus zutreffender oder hilfreicher als die Wissenschaft.

Hat sich durch die Pandemie Ihre Einstellung zur Gesundheit verändert?

Ich habe mich immer sehr bemüht, ein geistig gesunder Mensch zu werden. In meinem Dasein als Künstler habe ich mich in den letzten Jahren mehr und mehr zurückgezogen und lebe jetzt mitten im Wald. Das habe ich mir immer schon gewünscht. Ich habe mich von der Menschheit zurückgezogen. Was mich überrascht: Jetzt mache ich trotzdem viele Bekanntschaften, lerne neue Leute kennen, auch Menschen, die nur halb so alt sind wie ich. Meine Lebensinhalte haben sich durch die Pandemie nicht wirklich verändert, aber natürlich bin ich vorsichtiger geworden, wenn ich hinausgehe in die Welt. Ich fahre zwischendurch nach Wien, mache Ausflüge und Kuren.

Was hat die Natur, hat der Wald für Sie für eine Bedeutung?

Meine Mutter hat mir erzählt, dass ich im Alter von vier Jahren zu ihr gesagt habe: »Mutti, wenn ich erwachsen bin, kaufe ich mir ein Haus im Wald und alle Micky-Maus-Hefte, die du mir nicht kaufst.« Nachdem ich mein eigenes Leben begonnen hatte, war das Interesse an Comics nicht mehr so präsent. Aber der Wunsch, im Wald zu wohnen, der war noch da. Schon als Bub habe ich mich im Wald gut gefühlt. Im Moos zu stehen, zwischen diesen unglaublich hohen Bäumen. Ich habe mich so geborgen gefühlt. Das war meine persönliche Kathedrale. Und als ich dann in Wien mit 20 Jahren beim ORF gearbeitet habe, habe ich das Geld auf die Seite gelegt und begonnen, in Kärnten mein Haus im Wald zu suchen. Mit 23 habe ich es gefunden. Aber erfahren, dass ich mir kein Haus leisten kann, im besten Falle eine Ruine. Also habe ich mir eine Ruine gekauft und diese über viele Jahre sukzessive renoviert. Dort wohne ich jetzt. Der Wald ist nach wie vor meine Heimat. Ich bin jeden zweiten Tag im Wald und komme mit einem Korb voll Pilzen, Kräutern und essbaren Pflanzen zurück.

Haben Sie in der Großstadt weniger Energie als in der Natur?

Als Designer habe ich immer in Großstädten gelebt. Angefangen mit Wien, dann Frankfurt, San Francisco, die längste Zeit war ich in Los Angeles und Hollywood. Ich war immer energetisch da. Ich war Einzelkämpfer, Freiberufler, ich habe mein Lebtag nie einen Termin versäumt, alle meine Arbeiten zeitgerecht und termingerecht abgegeben. Tatsache ist, dass ich mich sehr oft überfordert habe. Das Leben in der Stadt ist mir inzwischen zu laut.

Haben Sie zur Steigerung der Kreativität Drogen genommen?

Ich bin in Klagenfurt aufgewachsen. Schon als Teenager war es in meinen Kreisen üblich, dass man experimentierte. Und damals gab es nur Aufputschmittel, die man, wenn man gewusst hat, wie, in der Apotheke bekommen hat. Ich kann mich erinnern, da gab es ein Hustenmittel namens Romilar und jede Menge Appetithemmer. Wer statt einer zwei oder drei Tabletten geschluckt hat, kam in den Redefluss und die Welt war ein bisschen anders. Erst als ich begonnen habe, Europa zu bereisen – per Autostopp –, lernte ich Leute kennen, die Haschisch und Marihuana rauchten. Das habe ich eigentlich mein ganzes Leben lang, bis zur Geburt meiner Tochter, praktiziert. Ich hatte immer das Gefühl, dass meine Motorik in mir drinnen zu schnell läuft, dass der Motor zu schnell ist und ich die Tendenz habe, mich selbst zu überholen. Durch den Genuss von Haschisch und Marihuana habe ich mich eingebremst und dann hat mein Werkl wirklich gut funktioniert. Als dann meine Tochter auf die Welt gekommen ist – ich war 50 –, habe ich mir geschworen: So, das reicht, ich will klaren Sinnes sein. Ich bin aus dem Beruf ausgestiegen und war hauptberuflich Papa, und gut war es. Was gibt es Wichtigeres als das Kind, in dem man weiterlebt?

Haben sich Kunst, Kreativität und Erfolg geändert?

Ich beschäftige mich seit 70 Jahren mit dem Zeichnen und Malen. Ich habe schon als Bub Wettbewerbe gewonnen. In der Volksschule Bücher und Fahrräder, weil meine Arbeiten offenbar herausragend waren. Aufgrund dieser langen Beschäftigung damit kann ich jetzt alles zeichnen und malen. Ich habe mir eine Meisterschaft erarbeitet. Wenn jemand kommt und sagt: »Mach mir ein Porträt von meinem liebsten Hund«, dann weiß ich, dass das am besten mit Ölfarbe funktioniert. Und ich weiß, was ich tun muss, um diesem Porträt, diesem Tierporträt, eine Seele zu geben und dem Hund, nennen wir ihn Unico, lebendige Augen zu machen.

Spielt der Glaube für Sie eine Rolle? Und gibt es ein Leben danach?

Das schwankt. Ich habe mich mit dem Thema auseinandergesetzt, auch in meinen Studien des Tantrismus. Für mich war immer klar, dass es eine Bestimmung gibt. Wenn ich mir die Frage gestellt habe: Warum bin ich auf der Welt?, habe ich lange nach einer Antwort gesucht. Gefunden habe ich sie erst, als ich Vater geworden bin. Zu dem Zeitpunkt ist mir klar geworden, dass es meine Bestimmung ist, mein Kind so zu erziehen, dass es diese Problematiken, mit denen ich mich auseinandersetzen musste – Misshandlung und Missbrauch –, nicht erlebt. Ich habe auch immer gewusst, dass es ein Leben nach dem Tod gibt. Wie kann es denn anders sein? In letzter Zeit zweifle ich aber daran. Ich habe die Bücher von Stephen Hawking gelesen. Er hat in einem die Frage zu beantworten versucht, ob es einen Gott gibt. Ich weiß nicht, ob es ein Leben nach dem Tod gibt. Aber ich werde noch draufkommen.

Glauben Sie heute, dass sich im Leben alles rational erklären lässt?

Nein, das geht natürlich nicht. Es gibt viel zu viele Wunder und viel zu viele Dinge, die unerklärbar sind. Ich denke, dass es keine Zufälle gibt. Dass es einfach Linien und Punkte in einem Leben gibt, die sich verzweigen und überschneiden. So lässt es sich nicht vermeiden, dass man Leute kennenlernt und draufkommt: Eigentlich müssten wir uns schon seit Jahren kennen, weil wir jede Menge gemeinsame Bekannte haben. Was den Glauben betrifft, den haben sie mir schon als Bub ausgetrieben. Das Bodenpersonal vom lieben Gott wollte nämlich in meine Hose, aber ich bin immer entkommen. Damals dachte ich mir schon: Aha, wenn die Priester, die ja eigentlich die Stellvertreter Gottes auf Erden sind, dementsprechend agieren, dann bin ich mir nicht sicher, ob ich in diese Clique will. Genauso wie mein Vater und seine Justizwachebeamten-Kollegen. Als ich denen begegnet bin – fürchterliche Gesellen –, dachte ich: Wenn Erwachsenwerden bedeutet, so zu werden wie diese Männer, dann graust mir davor. Und eine Zeit lang habe ich aus diesem Grund mit dem Peter-Pan-Syndrom zu tun gehabt. Aber was den Glauben betrifft: Die Kunst, die Kreativität hat mir meinen Glauben ersetzt.

Wie stärken Sie Ihr Immunsystem?

Ich habe immer versucht, gesund zu leben und mich gesund zu ernähren, aber jetzt ist es natürlich um vieles leichter und einfacher, weil ich mitten im Wald lebe. Ich habe meinen Garten, esse Biogemüse, das ich selbst anbaue, ich finde die herrlichsten Genussmittel und Pilze im Wald, weit und breit kein Auspuff. Ich trinke Kräutertee, den ich mir selbst pflücke. Ich habe Vorerkrankungen, Alterswehwehchen, Erbkrankheiten. Ich habe Gicht, Altersdiabetes, erhöhten Blutdruck und schlucke täglich Tabletten, die mir von der Ärztin verschrieben wurden. Ansonsten bemühe ich mich, viel zu wandern.

Was bedeutet überhaupt Gesundheit?

Sie ist das höchste Gut. Wenn man die nicht mehr hat, ist es vorbei. Man sagt: »Alle wollen alt werden, aber keiner will alt sein.« Ich bin jetzt alt und ich will auch noch älter werden, aber bitte schön gesund. Dazu muss man seinen Beitrag leisten. Abstand nehmen von all den schädlichen Dingen. Ich entsage dem übermäßigen Biergenuss, ich trinke höchstens jeden zweiten oder dritten Tag einmal ein Flascherl. Ich trinke auch, wenn ich Wein trinke, nur ein Glas oder zwei. Ich versuche, meine Linie zu halten, nicht übergewichtig zu werden, was mir gelingt. Außerdem habe ich meiner Tochter versprochen, dass ich mindestens 80 werde.

Hält die Kunst Sie fit?

Natürlich. Wenn man im hohen Alter noch liest, Spiele spielt, sich künstlerisch betätigt, so regt das die Gehirnströme an und man bleibt aktiv. Ich bleibe aktiv, nicht nur körperlich, sondern auch geistig. Und wenn ich male, bin ich hoch konzentriert, ich muss mich hineinversetzen in das Bild; angeblich verbraucht man durch solche gedanklichen Meisterleistungen mehr Kalorien als beim Sport. Also ich mache das nach wie vor und es gibt mir Berge. Ich werde wahrscheinlich mit dem Pinsel in der Hand sterben.

Selbstheilung seelischer Verletzungen durch künstlerisch-kreative Tätigkeit

»Sobald ich zeichne oder male, geht es mir gleich besser.«

Die künstlerische Qualität der erschaffenen Werke eines Kreativen wird beeinflusst und bewirkt durch unter anderem folgende Fähigkeiten: unbändigen Fleiß, den Wunsch, sich auszudrücken, das Verlangen, sich mitzuteilen, eine gewisse Motorik, die einen immer wieder dazu bringt, sich schöpferisch auszudrücken, eine blühende Fantasie und in der Hauptsache ein gerütteltes Maß an Talent. Es liegt im Auge des Betrachters, ob ein Werk gefällt oder nicht. Ob es im Betrachter etwas berührt oder bewegt. Das muss man jedem Einzelnen überlassen. Das gilt für alle Künste: Musik, Lyrik, Literatur, angewandte und bildende Kunst.

Es gibt viele verschiedene gute Gründe dafür, warum manche Menschen Künstler werden. Manchmal ist es der unbedingte Wunsch oder auch die Sehnsucht, sich durch kreative Arbeit von seelischen Wunden zu heilen.

Die meisten künstlerisch tätigen Menschen, Männer wie Frauen, müssen erkannt haben, wie viel heilendes Potenzial in der Ausübung von Kreativität steckt. Es ist ein Prozess, der sich im Inneren abspielt. Ein Vorgang, bei dem es viele divergierende Facetten gibt, bei dem unzählige Einflüsse miteinwirken, nicht erklärbare Dinge geschehen und oft nicht beschreibbare Gedanken mitspielen.

Die unglaubliche Kraft der Intuition

Wir haben schon einige Beispiele rund um die Selbstheilung gesehen. Der innere Arzt und die Macht der Gedanken. Lässt sich ein gemeinsamer Nenner erkennen? Was hat den Menschen geholfen, ihre schweren Krankheiten zu überstehen? Medizin? Guter Glaube? Hatten sie einfach nur Glück? Oder war spukhafte Fernwirkung im Spiel, wie Albert Einstein es so schön genannt hat, was heute Quantenverschränkung heißt?

Als Erstes zeigt sich bei all diesen Menschen eine bestimmte Einstellung. Die Gesinnung und das Mantra der Überzeugung, dass sie es schaffen werden. Viele Bücher wurden über die Macht positiver Gedanken geschrieben, ganze Bibliotheken voll buchstäblicher Sprühkraft. Meist steht darin, wie wir die gute Energie nutzen können, um im Beruf erfolgreicher zu sein. Oder um positive Gedanken in den Alltag zu integrieren. Aber sie helfen eben auch beim Bewältigen körperlicher Krisen. Gedanken sind Energie. Sie strahlen wie gebündeltes Licht, das eine Krankheit zum Verdampfen bringt. Der Mensch muss überzeugt sein, dass sein Körper das Unmögliche schafft. Jedes Hadern ist wie Futter für den Krankmacher. Die unbedingte Aussicht auf Heilung kann einen Tumor aushungern.

Fast alle Menschen besitzen einen dispositionellen Optimismus, wie es in der Wissenschaft heißt. Das ist genau diese mentale Kraft, die bei jedem unterschiedlich stark ausgeprägt ist und Zuversicht gibt.

Diese Kraft lässt sich trainieren. Mit der Best-possible-self-Methode. Es geht dabei darum, sich mit der bestmöglichen Zukunftsperspektive auseinanderzusetzen. Entgegen der vorherrschenden Meinung, die als Murphys Gesetz formuliert ist: Wenn etwas schiefgehen kann, wird es auch schiefgehen. Die Best-possible-self-Methode ist die Antipode zum Scheitern und Nörgeln und zur Suche nach jeglichem Unglück. Sie ist der selbst definierte Lichtblick. Es wird gut. Alles wird gut. Ich schaffe das. Mein Körper schafft das. Ich werde wieder gesund.

Es gilt, negative Gedanken und Denkmuster durch positive Gedanken zu ersetzen und eine neue Vision der eigenen Zukunft zu formulieren. In Wahrheit ist es ein Neuprogrammieren, ein Umschreiben alter Codes, die nichts zur Heilung beitragen. Mit Murren, Heulen, Weinen und Jammern erreicht man das genaue Gegenteil. Best possible self heißt: Hey, es geht anders. Nach diesem Ansatz wird nicht das Worst-Case-Szenario eintreten, sondern das bestmögliche. Auf eine Krankheit umgelegt bedeutet das, dass keine Gedanken an die Krankheit selbst vergeudet werden. Denn die Situation ist nun einmal so. Aus, fertig. Sie ist irreversibel. Wichtig ist der Gedanke ans Gesundwerden. An die Zeit danach. Das Schema der Genesung beginnt in der Vorstellung. Es manifestiert sich Bild für Bild.

Bei der Best-possible-self-Methode schreibt man seine Wünsche an die Zukunft auf und sagt sie sich vor.

Fünf Minuten.

Täglich.

Zwei Wochen lang.

Studien haben gezeigt, dass allein die Beschäftigung mit dieser bestmöglichen Zukunftsvariante einen deutlich positiven Effekt auf das Wohlbefinden und den generellen Optimismus hat.

Einen Optimisten wirft so schnell nichts aus der Bahn.

Einen Pessimisten treibt eine Fliege in den Wahnsinn.

Da gibt es den alten Spruch: »Ob du meinst, du schaffst es, oder ob du glaubst, du schaffst es nicht – du wirst in jedem Fall recht behalten.«

Eine Studie der Zeitschrift Appetite, veröffentlicht 2019, hat verdeutlicht, dass Menschen mit einer positiven Lebenseinstellung auch häufiger zu gesunden Lebensmitteln greifen. Die positive Einstellung überträgt sich auf den Lifestyle. Und auf eine gesunde Ernährung, die neben Bewegung der goldene Schlüssel für eine gesunde Zukunft ist.

Was wir aus der Psychologie lernen können

Unser Bauchgefühl war lange Zeit kein Gegenstand der Wissenschaft. Seit der Epoche der Aufklärung gilt die Vernunft mehr als die Intuition. Nur Künstler oder Dichter vertrauen auf die Geistesblitze aus der Leibesmitte. Esoteriker sehen die Intuition als etwas Mystisches.

Erst der Schweizer Psychiater Carl Gustav Jung betrachtete das Phänomen aus wissenschaftlicher Sicht. Was bedeutet Intuition eigentlich? Der Begriff ist abgeleitet vom lateinischen Wort intueri und bedeutet ansehen. Intuition steht für ein plötzliches, ganzheitliches Erkennen – eine große Idee. Auch das Erahnen neuer Lösungen. So eine Eingebung kommt aus dem Unbewussten. Wir können nicht nachvollziehen, woher das Bauchgefühl für die Lösung eines Rätsels, einer Aufgabe kommt.

Heute sehen Psychologen in der Intuition eine unbewusste Form der Informationsverarbeitung. Ein Geistesblitz beruht auf Wissen und bewusster Erfahrung. Neuronale Verknüpfungen suchen sich neue Wege.

Wie funktioniert unser Denken? Stellen wir uns vor, wir sitzen in einem Theatersaal und schauen zur Bühne. Wir nehmen alles rundherum wahr. Die Menschen neben uns im Publikum, die Vorhänge neben der Bühne und dort vorne die Schauspieler. Aber wir konzentrieren uns auf den einen Schauspieler, der im Scheinwerferlicht steht. Beim Denken ist es ähnlich. Wir denken ständig unbewusst in alle Richtungen, nur ein Bruchteil davon ist hell erleuchtet. Wenn wir bewusst an etwas denken, haben wir anscheinend nur diesen einen Gedanken im Kopf. Das bewusste Denken ist präzise wie ein Richtstrahl. Das Unbewusste hat alles im Blick. Dafür ist es ungenauer. An den Rändern der Wahrnehmung werden die Kanten unscharf.

Muss der Mensch eine Entscheidung treffen, beginnt das Gehirn, Optionen abzuwägen. Meist ergibt eine Mischung aus Bauchgefühl und Nachdenken die beste Entscheidung.

So viel zur Intuition. Interessant für das Thema Selbstheilung ist, dass etliche Studien zu demselben Ergebnis kommen: Menschen, die ihren intuitiven Entscheidungen vertrauen, sind zufriedener und optimistischer. Andere Studien wiederum zeigen, dass Optimisten länger leben und gesünder sind.

Der Glaube schafft innere Kraft

Gläubige sind ebenfalls gesünder und mit ihrem Leben zufriedener als Nichtgläubige. Kaum etwas spendet mehr Zuversicht als die Überzeugung, es gibt eine höhere Macht. Ob Gott oder einen Baumeister aller Welten. Egal, welcher Religion Menschen angehören, sie haben Vertrauen in etwas Größeres, das für den Einzelnen zwar nicht greifbar ist, die Welt aber in eine absolute Ordnung bringt. Das Schöne daran: Es lässt sich alles damit erklären.

Erleidet ein spiritueller Mensch im Leben einen Tiefschlag, so kann er ruhiger und gelassener damit umgehen als jemand ohne Hoffnung. Als Solokämpfer muss man allein damit fertigwerden. Gläubige Menschen verfügen über eine große psychische Widerstandskraft, weil sie, trotz etwaiger Beschwerden oder akuter Not, immer Trost finden. Gehirnforscher vermuten, dass Gläubige während ihrer Meditationen oder Gebete in eine Art Trance verfallen, bei der Glückshormone im Gehirn ausgeschüttet werden.

Auch der Tod verliert im Glauben seine Schreckensfratze. Verschiedene Religionen haben Antworten auf ein Leben nach dem Tod oder zur Wiedergeburt. Jeder kann das selbst für sich entscheiden.

Die sieben Säulen der Resilienz

Haben Sie sich schon einmal die Frage gestellt, warum manche Menschen, trotz widrigster Umstände, ihren Lebensmut nicht verlieren? Oder warum sie Krisen mit mehr Zuversicht begegnen als andere?

Die Wissenschaft nennt solche Frohsinnigen resilient. Das Wort leitet sich vom lateinischen Wort resiliere ab, abprallen. Auch in der Physik gibt es den Begriff Resilienz. Dieser steht für die Elastizität einer Substanz, die nach einer Verformung wieder ihre ursprüngliche Form annimmt. Auf den Menschen übertragen bedeutet das, dass der Mensch nicht fragt: Was macht mich krank?, sondern: Was lässt mich gesund bleiben?

Die Wissenschaft beschreibt sieben Säulen der Resilienz:

Säule 1: Optimismus

Selbst in schweren Lebenskrisen optimistisch zu bleiben, fällt oft nicht leicht, kann aber als eine Art Notwehr angesehen werden, sich nicht unterkriegen zu lassen. Auch im trostlosesten Moment etwas Gutes zu sehen, wirkt mitunter Wunder.

Säule 2: Akzeptanz

Den Dingen ins Auge zu sehen, ist die zweite tragende Säule der Resilienz. Erst wer sein Schicksal akzeptiert, kann beginnen, die anstehenden Probleme in Angriff zu nehmen. Das Gegenteil ist die Ablehnung, die dazu führt, dass unsere Kräfte unnötig verschlungen werden. Dabei verlieren Menschen genau jene Kraft, die sie in Krisenzeiten dringend benötigen.

Säule 3: Lösungsorientierung

Resiliente Persönlichkeiten lassen sich durch problematische Situationen nur schwer aus der Ruhe bringen. Sie sehen diese eher als Herausforderung. Statt »Warum trifft es gerade mich?« sagen sie: »Jetzt hat es mich getroffen, was kann ich tun, um aus dieser Situation möglichst unbeschadet herauszukommen?« In jeder Notlage handlungsfähig zu bleiben, ist das Geheimnis.

Säule 4: Opferrolle verlassen

Wer sich als Opfer sieht, fühlt sich ohnmächtig und alleingelassen. Nur wer es schafft, diese Opferrolle aufzugeben, beginnt automatisch darüber nachzudenken, welchen Anteil er an der derzeitigen Situation hat. Sich selbst zu bedauern, wirkt selbstverletzend und verbaut den Weg, nach vorne zu schauen. Es ist, als würde man Scheuklappen ablegen.

Säule 5: Verantwortung übernehmen

Lange mit Schuldgefühlen zu kämpfen oder anderen die Schuld zu geben, ist die falsche Strategie. Ziel ist es, realistisch einzuschätzen, welchen Teil man selbst zur gegenwärtigen Krise beigetragen hat. Dabei kann die nächste Säule helfen: das Sicherheitsnetz in Form von guten Freunden.

Säule 6: Netzwerke aufbauen

Sich anderen Menschen anzuvertrauen und engere Bindungen einzugehen, steigert das Selbstwertgefühl massiv. Nähe trägt dazu bei, Krisen gelassener zu überstehen. Es kostet vielen Menschen jede Menge Überwindung, andere um Hilfe zu bitten. Doch wer Freunde im Hintergrund hat, die wie ein Bollwerk der Zuversicht hinter einem stehen, erlangt innere Stärke. Einsamkeit dagegen führt zu immer stärkerem Rückzug. Allein mit Krisen fertig zu werden, ist, wie sich gegen einen Tsunami der Trostlosigkeit zu stellen.

Säule 7: Zukunft planen

Ein vorausschauendes Krisenmanagement trägt dazu bei, plötzlich auftretende Probleme leichter zu bewältigen. Resiliente Charaktere denken schon in positiven Zeiten darüber nach, was sie täten, würden Situationen wie Verschuldung, eine Scheidung oder eine schwere Erkrankung eintreten. Es ist wie ein unsichtbares Sicherheitsnetz, das sich über das eigene Schicksal spannt.

Nicht immer verläuft das Leben so, wie wir es uns vorstellen oder wünschen. Resilienz kann in einem Menschen vorhanden sein, spezielle Trainings können dazu beitragen, die eigenen Widerstandskräfte zu stärken. Resilienz ist wie ein Harnisch, den man anlegt, wenn die Zeiten schlechter werden und der Wind rauer weht.

Ein Dankeschön ans Schicksal

Nach dem Begriff »Dankbarkeit« in medizinischen oder gesundheitspsychologischen Lehrbüchern zu suchen, wird keine nennenswerten Ergebnisse bringen. Dankbarkeit ist eine Emotion, die bislang kaum und im Zusammenhang mit Gesundheit oder Krankheit noch weniger untersucht wurde.

Jeder war irgendwann in seinem Leben schon einmal dankbar für etwas. Jeder hat auch irgendwann schon einmal, etwa nach einer Unterstützung oder Hilfeleistung, Danke gesagt. Geht es nach den wenigen Wissenschaftlern, die sich mit dem Thema auseinandergesetzt haben, erfahren wir, dass Dankbarkeit weit mehr ist: eine komplexe Emotion, eng verbunden mit Gefühlen wie Glück und Zufriedenheit. Bewusster Dank kommt zurück wie ein Medizinball aus schillernder Energie.

In unserer Gesellschaft, in der die Reparaturmedizin schon fast als Anrecht gesehen wird, vergisst der Mensch oft auf ein Quäntchen Demut. Dankbarkeit scheint in unserer schnelllebigen Zeit keinen Platz zu haben. Leistung und Effizienz verdrängen das simple Handausstrecken.

Danke.

Gerade in Zeiten der Pandemie stellte sich heraus, dass Dankbarkeit einen wichtigen Aspekt für die Gesundheit darstellt. In den vergangenen zehn Jahren verzeichnete die medizinische Literaturdatenbank PubMed viermal so viele wissenschaftliche Studien über die Wirksamkeit von Dankbarkeit als in den 125 Jahren davor.

Der Psychologe Alex M. Wood fand in einer Studie (2010) heraus, dass dankbare Menschen seltener an depressiven Verstimmungen und Stress leiden. Sie haben seltener Angstsymptome, seltener Nikotin-, Drogen- oder Alkoholsucht und sie unternehmen weniger Suizidversuche.

Mangelnde Dankbarkeit dagegen ist oft verknüpft mit Depressionen, Unzufriedenheit oder Stress. Egomanie ist wie eine Einladung für schlechte Gefühle.

Dankbarkeit hat also einen direkten und positiven Einfluss auf das Wohlbefinden, auf Glücksgefühle, den Selbstwert, die generelle Lebenszufriedenheit. Menschen mit einem Sinn für Wertschätzung sind gesünder, haben deutlich mehr Vitalität, einen niedrigeren Blutdruck, ein starkes Immunsystem und einen niedrigeren Pulsschlag als Leute, die Dankbarkeit für eine Schwäche halten.

Eine Analyse der Statusmeldungen auf Facebook ergab, dass ältere User den Begriff »dankbar« wesentlich häufiger benützen als jüngere. Auch nicht uninteressant. In der älteren Generation ist »dankbar« noch ein normales Wort. In jedem Fall freundlicher als Shitstorm und fuck you!

Der Wissenschaft zufolge ist Dankbarkeit das Gegenteil von profitgierigem Egoismus. Durch sie wächst das soziale Verantwortungsbewusstsein. Durch sie wächst die Nächstenliebe. Durch sie wächst der Mensch.

Die Bergbäuerin und ihr Sinn für Vertrauen

Hier die Geschichte einer Frau, die zeit ihres Lebens auf Gott vertraute. Begriffe wie Resilienz, Intuition, Holismus und Kohärenz fehlen in ihrem Wortschatz. Sie kennt die Dinge aus eigener Erfahrung, nennt sie nur anders.

Gestatten, Eva Bader, 84, Bergbäuerin.

»Gott ist wichtig«, sagt sie. »Und für mich heißt es nicht mehr Gott, sondern ich sage: unser Vater im Himmel, unser aller Vater. Er hat uns erschaffen, er hat für uns mit dieser Welt ein wunderbares Paradies geschaffen, und das ist meine Ansprache an meinen Herrgott.«

Sie hat es nicht immer leicht gehabt in ihrem Leben, diese Eva Bader. Ihr Mann ist in der Früh in die Arbeit gefahren, war erst am Abend wieder zu Hause. Eva Bader musste sich um den Hof und die neun Kinder, die sie in die Welt gesetzt hatte, kümmern. Zwei Kinder sind verunglückt. Der Hof war anfangs nur zu Fuß oder mit einem Lastenaufzug erreichbar, ein Bergbauernhof wie aus vergangenen Jahrhunderten. Sie hatte keine Zeit zum Spazierengehen. Das Wort Shoppen kommt in ihrer Welt nicht vor.

Aber der Glaube an Gott hat ihr immer wieder geholfen. Sie kam aus einer streng katholischen Familie. Ihr Vorname ist Eva, der des Bruders Adam. Sie hatten schon als Kinder nicht viel zu lachen, aber sie beteten gemeinsam und sangen. Die Frau kann sich nicht erinnern, dass in ihrer Familie einmal ein Schimpfwort gefallen wäre, auch nicht, dass sich sie sich jemals mit ihren Geschwistern gestritten hätte.

Sie hat schwere Krankheiten durchlebt. Einmal bekam sie so starke Schmerzen, dass ihr Mann sie zum Arzt fahren musste. Eva Bader hat keinen Führerschein. Wozu auch. Auf dem Berg zwischen den Kühen? Der Arzt diagnostizierte ein Zwölffingerdarmgeschwür.

»Ich habe meine Krankheiten nur mit Gottes Hilfe auskuriert«, sagt sie, »ganz gleich, welche Krankheit es war. Auch mit Tee, den der Himmelvater wachsen lässt.«

Einmal hatte sie so viel Eiter im Rachen, dass sie nicht mehr durch die Nase atmen konnte. Der Arzt hat ihr Antibiotika verschrieben. Sie halfen nicht. Dann ging sie mit ihrem Mann zu einem anderen Arzt. Von dem bekam sie andere Antibiotika. Die Tabletten machten zwar die Nase wieder frei, aber kurz darauf fing alles wieder von vorne an. Die Krankheit dauerte vier Monate. Ihr Mann war Raucher. Als sie ihn in der Küche sitzen sah, wie er eine Zigarette qualmte, schoss ihr ein Gedanke durch ihren Kopf. Sie war keine Raucherin, hatte Zigaretten noch nie angerührt. Auf einmal hörte sie sich sagen: »Weißt du, was? Gib mir die Zigarette. Die wird mir helfen.« Sie fragte sich danach oft, wo diese Worte herkamen. Wer sie ihr eingegeben hatte. »Das kann mir nur der Himmelvater gesagt haben.« Ihr Mann gab ihr die Zigarette und erklärte ihr, wie das Rauchen funktioniert.

»Und das hat mich ausgeheilt«, sagt sie. »Nie mehr hatte ich so einen Katarrh. Es ist wie ein Wunder gewesen.«

Ein paar Jahre darauf bekam sie einen Kropf. Sie versuchte, mit Tee zu gurgeln. Das brachte nichts. Und als der Kropf nach vier Monaten nicht weggegangen war, fuhr ihr Mann sie wieder zum Arzt. Der Doktor schickte sie zu einem Nuklearmediziner, weitere Untersuchungen. Als sie zwei Monate später wieder im Wartezimmer saß, merkte sie, wie krank die Leute aussahen, die aus dem Behandlungszimmer kamen. Sie schickte ein Stoßgebet zum Himmel: »Hilf mir, dass der Arzt nichts finden wird, nichts Böses, was mir schaden könnte!«

Als sie an der Reihe war, dauerte die Untersuchung lange. Irgendwann fragte sie: »Herr Doktor, was hab ich denn?«

Er sah sie an und sagte: »Frau Bader, ich habe nichts gefunden. Aber ich verschreibe ihnen ein Medikament für die Drüse und das nehmen Sie zur Vorsorge.« Wieder zu Hause, warf sie das Medikament in den Müll. Drei Wochen später war der Kropf verschwunden.

Gott, sagt sie, half ihr auch in kleinen Dingen des Lebens. Als sie einmal von ihrem Hof zum Nachbarn gehen musste, um Milch zu holen, war ein Gewitter im Anzug. Dunkle Wolken hingen wie Vorahnungen am Himmel. Auf halbem Weg zum Nachbarhof hat es auf einmal geleuchtet und gekracht. Da die Frau in ihrem Alter nicht mehr so gut zu Fuß war, drehte sie um und wollte sich auf den Rückweg machen. Auf einmal brach der Himmel auf und die Sonne kam hervor. Sie konnte die Milch doch noch holen.

Eva Bader ist überzeugt, dass hoch droben im Himmel jemand auf sie geschaut hat. »Ich lese oft und gern die Bibel«, erzählt sie. »Und Gott sagt: Ihr könnt um alles bitten, was ihr wollt. Wer mich liebt, dem werde ich es geben.« Für die Bäuerin besteht kein Zweifel, dass das bei ihr Wirklichkeit wurde. »Ich hätte nie geglaubt, dass ich in meinem Alter so zufrieden und glücklich leben kann.«

Oder als sie einmal Schmerzen in ihrer Schulter hatte. Die waren zwar beim Sensenmähen besser geworden – wegen der Bewegung –, aber sie kamen wieder zurück. Die Frau bat Gott, dass er ihr wieder einmal helfen möge. Sie hob den Arm und spürte einen stechenden Schmerz in der Schulter. Als sie den Arm wieder senkte, hatte sie keine Schmerzen mehr. Auch danach nie mehr.

Sie ging zeitlebens immer gern in den Wald. Schöpfte Kraft aus der Natur. Der beste Doktor, sagt sie, ist der Wald. Sauerstoff holen. Das machte sie immer dann, wenn es ihr nicht gut ging. Und es half.

Einmal hatte sie schlechte Werte in ihrem Blutbild. Sie war schwach, matt, müde, hatte keine Kraft. Lag 14 Tage im Krankenhaus und die Ärzte wussten nicht, was sie mit ihr machen sollten. Da unterschrieb sie einen Revers, damit sie nach Hause gehen durfte. Zu Hause war die ganze Arbeit liegen geblieben – und die Kinder, der Mann und der Hof! Daheim fing sie an, alles aufzuschreiben, was sie gegessen hatte. Sie maß mehrmals täglich den Blutdruck und trug die Werte in eine Tabelle ein. Sie pflückte Kräuter, betete. Und ein Jahr später schrieb sie ins Protokoll-Büchlein: sehr gut. Sie war geheilt. Ohne Arzt.

»Das Wichtigste ist der Glaube an Gott«, sagt sie. »Dann kommt die Nächstenliebe.«

*

Weniger fromme Menschen finden ihr Glück in einem Begriff, der oft gebraucht wird und fast schon überladen meditativ daherkommt: Achtsamkeit. Lebe im Hier und Jetzt und so. Dabei steckt weniger Esoterik dahinter als vielmehr eine Konzentration auf das Ich und die Umwelt.

»Achtsamkeit war schon immer Teil einer guten medizinischen Praxis, die dem Arzt eine mitfühlende Auseinandersetzung mit dem Patienten ermöglicht«, sagt Jon Kabat-Zinn, emeritierter Professor an der University of Massachusetts Medical School in Worcester. Er unterrichtet Achtsamkeitsmeditation, um Menschen zu helfen, besser mit Stress, Angst und Krankheiten umgehen zu können. »Die Verbindung zwischen Medizin und Meditation wird auch durch die gemeinsame etymologische Herkunft von dem lateinischen Wort mederi unterstrichen, das heilen bedeutet.«

Etymologisch bedeutet heilen »gesund, ganz machen oder werden«. Das ist eine spannende Aussage: »Ganz werden, vollkommen.« Tatsächlich fördert die Achtsamkeit eine Integration von Körper und Geist. Im angelsächsischen Raum spricht man von Body-Mind Medicine (Körper-Geist-Medizin). Körper und Geist, Kognition und Emotion werden in der westlichen Medizin oft als separate Einheiten betrachtet. In krassem Gegensatz dazu vertreten viele östlichen Philosophien eine ganzheitliche Betrachtungsweise des Individuums und seiner Umwelt. Gesundheit als ein harmonisches Gleichgewicht zwischen dem Zusammenspiel von Kräften. Yin und Yang.

Was ist Achtsamkeit?

Die Kunst, präsent zu sein, sich des Körpers, des Geistes und der Gefühle bewusst zu sein. Achtsamkeit zielt darauf ab, durch die Kultivierung des Gewahrseins im gegenwärtigen Moment ein besseres Gefühl des körperlichen und emotionalen Wohlbefindens zu fördern. Die Verbindung ermöglicht, die Signale des Körpers früher zu erkennen und daher rechtzeitig auf Beschwerden zu reagieren.

Wer unachtsam lebt, befindet sich im Autopilot-Modus. Und im Autopilot-Modus neigt man dazu, erlernte Verhalten automatisch zu wiederholen, auch wenn sie für unsere Gesundheit schädlich sind. Wir essen und trinken, ohne auf die Körpersignale zu achten.

Viele Patienten berichten nach einem Meditationskurs, dass sie viel bewusster auf ihr Ess- und Trinkverhalten achten. Oder sie merken, dass sie keine weitere Zigarette brauchen, sondern eine Pause.

Der Kärntner Achtsamkeitstrainer und Psychologe Cesare Lino kennt diese Mechanismen nur zu gut: »Wir sind vielleicht geneigt zu glauben, dass die Unachtsamkeit nur für kurze Zeiträume oder für jene sich wiederholenden bedeutungslosen, gewohnheitsmäßigen Aspekte des Lebens gilt wie Einkaufen, Spazierengehen oder Schlangestehen auf dem Postamt. Aber Studien zufolge verbringen wir etwa 50 Prozent unserer wachen Zeit in einem Zustand der Gedankenlosigkeit oder des Umherschweifens der Gedanken. Noch beunruhigender ist, dass die Momente der Gedankenlosigkeit auch jene sind, in denen wir am wenigsten glücklich sind.«

Die bessere Verbindung mit dem Körper ermöglicht eine signifikante Reduktion von Stress. Nicht nur körperliche Signale werden durch die Achtsamkeit besser und rascher wahrgenommen, sondern auch Gefühle. Und diese haben einen wichtigen Einfluss auf unsere Gesundheit.

Stellen Sie sich vor, Sie stecken im Stau und sind gestresst, weil Sie einen wichtigen Termin haben. Sie sind genervt. Jeder von uns kennt das. Das ist Stress. Wir wissen, dass Stress schädlich ist. Die Forschung zeigt, dass Stress direkt auf das Immunsystem wirkt. Hektik kann die Gewebeheilung und die Regeneration signifikant bremsen.

Die australische Molekularbiologin Elizabeth Blackburn erhielt 2009 den Nobelpreis für Medizin für den Nachweis der sogenannten Telomere. Diese haben eine essenzielle Funktion für unsere Gesundheit: Sie sind die Schutzkappen unserer Chromosomen. Ihre Länge und Beschaffenheit bestimmen das Tempo unserer Zellalterung und damit das Entstehen vieler Krankheiten wie Krebs, Diabetes und Herz-Kreislauf-Beschwerden. Wissenschaftliche Untersuchungen haben gezeigt, dass chronischer Stress die Länge der Telomere verkürzt und sie gewissermaßen ausfranst.

»Die Achtsamkeit unterscheidet sich vom klinischen Behandlungsansatz zur Förderung der Heilung«, sagt Cesare Lino. »Während die Rolle des Patienten als Empfänger der medizinischen Behandlung in der Akutmedizin grundsätzlich eine passive ist, ist für chronische Krankheiten eine aktivere Patienteneinstellung durchaus sinnvoll. Hier bieten Achtsamkeit durch Selbstregulation und gesunde Verhaltensänderungen eine wertvolle Unterstützung.«

Bessere Körperwahrnehmung

In der Praxis der Achtsamkeit ist die Körperwahrnehmung von grundlegender Bedeutung und wird durch verschiedene Techniken geschult. Eine beliebte Methode ist der Body Scan. Er wird in der Regel in Rückenlage durchgeführt und besteht aus der systematischen Wahrnehmungsuntersuchung verschiedener Körperteile, beginnend mit den Füßen und endend mit dem Kopf.

Die Body-Scan-Meditation ist eine tiefe Erforschung der Körpererfahrung, Moment für Moment, und bringt Bewusstsein und Anerkennung für alles, was im Körper gefühlt oder empfunden wird. Diese Reise durch das Ich kann bei der Arbeit mit Stress, Angst und körperlichen Schmerzen sehr hilfreich sein.

Der Body Scan bildet die pädagogische Grundlage für alle Übungen, die später in den zahlreichen Programmen zur achtsamkeitsbasierten Stressreduktion (MBSR und MBCT) eingeführt wurden. Die Methode fördert das Bewusstsein und die Akzeptanz innerer Zustände, ob positiv, negativ oder neutral. Es handelt sich um eine einzigartige Praxis, die sich von den meisten klinischen Techniken dadurch unterscheidet, dass sie den Schwerpunkt konsequent auf das Bewusstsein in der Gegenwart und nicht auf zukünftige Veränderungen legt.

Durch die systematische Wahrnehmung des eigenen Körpers lernt der Patient, sein körperliches Selbst zu bewohnen und eine Verbindung zum gegenwärtigen Moment herzustellen. Sie ermöglicht es dem Menschen, sein Bewusstsein zu schulen, indem er Konzentration, Ruhe und die Fähigkeit entwickelt, seine Aufmerksamkeit willentlich zu lenken. In diesem Sinn fungiert der Körper als Anker, der einen in die Gegenwart zurückbringt, wann immer einem Gedanken, Bilder oder Emotionen in den Sinn kommen. Sich seines Körpers auf diese Weise bewusst zu werden, ist für die meisten Menschen ungewöhnlich. Normalerweise achtet man auf den Körper, wenn man Schmerzen hat, wenn also etwas nicht in Ordnung ist. Ein Patient, der unter chronischen Schmerzen litt, bemerkte: »Ich achte nur auf meinen Körper, wenn mir etwas wehtut, es ist, als würde ich einen alten Freund nur dann treffen, wenn er sauer ist.«

Das bewusste Verweilen mit der Aufmerksamkeit im Körper in einem geschützten Haltezustand (der Patient kann jederzeit unterbrechen, wenn der Schmerz zunimmt) ermöglicht es auch, den Fokus der Aufmerksamkeit zu erweitern und zu erkennen, dass es neben dem Schmerz noch andere Empfindungen gibt. Teilnehmer von Achtsamkeitstrainings berichten oft, dass sie im Alltag erst lange Zeit später bemerken, dass sie von ihrem Körper »abwesend« geworden sind, »den Kopf in den Wolken« hatten und dringende physiologische Bedürfnisse ignorierten. Denn Gefühle wie Traurigkeit, Freude oder Angst können sich nicht nur als Gedanken, sondern auch als körperliche Empfindungen ausdrücken. Die Erforschung des Körpers ermöglicht es dem Patienten, das Geflecht aus Emotionen, Körperempfindungen und Gedanken zu erkennen und zu entwirren. Wie eine Ansammlung gordischer Knoten.

Richtig atmen

Der Atem ist für die Meditation aus mehreren Gründen ein wichtiges Instrument. Er ist immer da und einsetzbar. Der Atem findet im Jetzt statt. Er ist im Wandel und in ständiger Bewegung. Er reagiert schnell auf Gefühle, Gedanken und Empfindungen. Wenn Menschen eingeladen werden, den Atem zu beobachten, erkennen sie bald, dass es zwar einfach ist, die Aufmerksamkeit auf den Atem zu lenken, es aber eine ganz andere Sache ist, die Aufmerksamkeit ständig darauf zu richten. Tatsächlich wird man sich schon nach wenigen Augenblicken der Anwesenheit einer Vielzahl von Assoziationen, Erinnerungen an die Vergangenheit und Gedanken an die Zukunft bewusst, die die Aufmerksamkeit des Bewusstseins erregen.

Was entdeckt die Person, wenn sie versucht, ihre Aufmerksamkeit auf den Atem zu lenken? Dass dieser Fokus unbeständig ist. Dass der Geist in wenigen Sekunden pindarische Flüge unternimmt, Bilder, Gedanken, Emotionen hervorbringt, anscheinend sinnlos oder äußerst logisch, aber dennoch ausschweifend. Dass man in einen Zug voller Assoziationen einsteigt, um erst nach vielen Kilometern zu merken, dass man an Bord ist.

Der Atem lehrt auch, dass es immer möglich ist, aus dem Zug auszusteigen, und dass die nächste Station Hier und Jetzt heißt. Der Moment, in dem wir erkennen, dass unsere Aufmerksamkeit nicht mehr auf den Atem gerichtet ist, ist der Beginn des Gewahrseins, und indem wir unsere Aufmerksamkeit absichtlich wieder auf den Atem lenken, trainieren wir den Muskel des Gewahrseins.

Die Aufmerksamkeit auf den Atem zu richten, beeinflusst den gewohnten Gedankenfluss durch das Phänomen der Dezentralisierung. Eine häufig verwendete Metapher ist die eines Wasserfalls mit eiskaltem Wasser. Im gewöhnlichen Geisteszustand sind die Gedanken wie eine Kaskade eisigen Wassers, das auf unseren Kopf fällt, uns trifft und nass macht. Wir haben keine Möglichkeit, den Fluss des Wassers aufzuhalten, aber wenn wir unsere Aufmerksamkeit auf den Atem lenken, gehen wir ein paar Schritte zurück. Aus dieser Perspektive können wir den unaufhaltsamen Fluss des Wassers sehen, ohne dass es uns auf den Kopf fällt. Genau das fördert die Emotionsregulation.

Zahlreiche Studien bescheinigen der Achtsamkeitspraxis eine tragende Rolle bei dem Prozess, durch den Menschen in der Lage sind, ihre Gefühle zu beobachten, die Beziehung zwischen Gedanken, Gefühlen und Reaktionen zu erkennen und den Ausdruck ihrer emotionalen Zustände zu modulieren.

Forscher haben bei erfahrenen Achtsamkeitsmeditierenden eine geringere emotionale Interferenz festgestellt. Eine hohe emotionale Interferenz deutet auf eine verringerte Fähigkeit zur Emotionsregulierung hin, weil die Person länger braucht, um negative und positive Emotionen zu metabolisieren. Die Wissenschaftler zeigten einer Gruppe von Personen Dutzende Bilder mit unterschiedlichen emotionalen Ausprägungen – neutrale, angenehme und unangenehme Fotos – und maßen die Geschwindigkeit, mit der die

Probanden in der Lage waren, die nächste Aufgabe auszuführen. Ergebnis: Bei erfahrenen Meditierenden war die Reaktionszeit kürzer. Die Ergebnisse deuten darauf hin, dass Achtsamkeit die anhaltende Reaktivität auf emotionale Stimuli abschwächt.

Achtsamkeit stellt eine wertvolle Ressource und eine der möglichen Antworten auf zahlreiche Beschwerden dar, darunter das wachsende und allgemeine Unwohlsein, das die Schnelllebigkeit der modernen Welt verursacht.

Achtsamkeit bietet also einen ganzheitlichen Ansatz, der darauf abzielt, die Ressourcen des Patienten aus einer biopsychosozialen Perspektive zu stärken, statt sich auf die Behandlung und das Symptom zu konzentrieren. Und Achtsamkeit erfordert die aktive Beteiligung der Teilnehmer, um Wohlbefinden und Gesundheit zu fördern.

*

Besuch im Europakloster Gut Aich

Wir treffen Pater Johannes Pausch im Europakloster Gut Aich in St. Gilgen, Salzburg. Das Benediktinerkloster wurde 2004 gegründet. Ziel ist es, einen Beitrag zum friedlichen Zusammenleben von Menschen und Völkern in Europa zu leisten. Johannes Pausch trägt keine Soutane, sondern einen weißen Pullover. Die grauen Haare wirken leicht zerzaust, die Brille sitzt gerade. Er ist umgeben von Heilkräutern, seinen Schützlingen und Setzlingen. Er verfügt über profundes Wissen und kennt Tausende Anekdoten über Kräuter von Anis bis Zitronenmelisse.

Beim Gespräch im Klostergarten hält er die Hände gefaltet. Wissen Geistliche mehr? Was sagt ein Mann Gottes über die Intuition? Heilt der Glaube automatisch?

Pater Johannes, gibt es eine innere Stimme, die sagt: Bin ich krank oder bin ich gesund?

Ja, die gibt es ganz sicher. Leider Gottes ist diese innere Stimme reduziert oder verschüttet. Wir nehmen sie nicht mehr wahr und haben verlernt, auf sie zu hören. Es ist die Herzensstimme. Hildegard von Bingen hat gesagt, dass diese innere Stimme etwas mit unserer Lebenskraft zu tun hat. Wenn wir sie hören, entfaltet sich unsere Kraft. Ich glaube, es ist eine Form von Lebensenergie. Ich glaube sogar, dass es etwas mit unserer Seele zu tun hat. Es ist nicht nur eine geistige Dimension, vielmehr eine spirituelle. Und ich glaube, dass diese innere Stimme etwas mit unseren Beziehungen zu tun hat. Die Gottesbeziehung gehört als allerwichtigste dazu, aber auch alle anderen, die Beziehung zur Natur, zu den Menschen, zu Tieren, die Beziehung zu den Dingen.

Prof. Rudolf Likar, einer der Autoren dieses Buches: Ich habe einem Patienten, für den der Hund das Wichtigste war, den Vierbeiner auf die Intensivstation gebracht, obwohl das verboten ist. Drei Tage später ist der Patient nach Hause gegangen.

Das Sprachrohr für diese innere Stimme kann ganz unterschiedlich sein. Manche Menschen haben einen Baum. Wenn sie zu dem gehen, hören sie diese innere Stimme, und das ist keine Fantasie, keine Fiktion, sondern eine reale Botschaft, die da kommt.

Was können wir tun, um diese innere Stimme wiederzuentdecken?

Wir müssen unsere Hörfähigkeit – nicht die akustische, sondern die Hörfähigkeit für unsere Seele, unsere Intuition – schulen. In der Bibel stehen die wunderbaren Worte: »Hört und ihr werdet leben.« Das Hören ist eine Kunst, die man verlernen, aber auch erlernen kann. Wenn die Menschen sagen:

»Na ja, das ist alles so undeutlich«, dann rate ich ihnen, dass sie entweder aufschreiben, was sie hören, oder ein Bild malen. Damit lässt sich das schulen. Manchmal, wenn ich Therapien mache und Menschen sagen, sie haben keine Träume, antworte ich: »Legen Sie sich einen Zettel auf das Nachtkästchen, und wenn Sie aufwachen, schreiben Sie auf, was sie geträumt haben – und wenn es nur ein Gedankenfetzen ist von dem, was sie noch in Erinnerung haben.«

Wie kann man Selbstheilungskräfte entfalten?

Ich glaube, man darf die Selbstheilungskräfte nicht nur eng auf den Körper bezogen sehen. Sie beginnen in unserer Seele und wirken sich auf die Psyche aus, dann auf unseren ganzen Organismus. Oft erschrecken Menschen vor ihrer inneren Stimme. Deswegen ist es wichtig, dass jemand, der das übt, einen Austausch hat. Der Austausch kann mit einem Menschen erfolgen, es kann aber auch ein Gebet sein. Dieser Austausch muss auf jeden Fall stattfinden, weil die Selbstheilungskräfte im Körper sich am besten entfalten, wenn wir in einer Beziehung sind: mit uns selbst, mit Menschen, mit der Natur, mit Gott – obwohl viele Menschen mit Gott nichts anfangen können. Die Selbstheilungskräfte, denke ich, entfalten sich, in je mehr Beziehungen wir sind und bleiben. Der Besuch beim Arzt ist ja nur bedingt heilend. Erst durch das Medikament, aber vor allem durch die Beziehung, die man zu sich selbst und zum Arzt hat. Wenn ich zu mir und zum Arzt kein Vertrauen habe, habe ich auch kein Vertrauen in das Medikament.

Was ist wichtiger, die Medizin oder die Kräuter, die ja auch Medizin sind und die Sie den Leuten geben? Brauchen wir diese Kombination oder reicht die Selbstheilung?

Es braucht die Medizin, es braucht die Kräuter, es braucht das Wort. Ich sage immer: Jede Heilpflanze ist eigentlich ein Wort Gottes. Ein Wort aus der Natur, ein Wort des Lebens, und der Therapeut übermittelt mit dem Medikament – ob das jetzt ein schulmedizinisches oder ein alternativmedizinisches ist – eine Botschaft. Und wenn ein Mensch diese Botschaft wahrnehmen, hören und annehmen kann, dann entfalten sich diese Selbstheilungskräfte. Wichtig ist nicht nur die physikalische, biologische oder chemische Wirkung des Medikaments, sondern dass die Botschaft angenommen wird. Ja, es ist mehr als nur Chemie, es ist eine geistige Dimension.

Könnte man das als Placeboeffekt zusammenfassen?

Der Placeboeffekt ist ein Begriff, der immer abwertend gebraucht wird. Die Chinesen heilen 50 Prozent ihrer Erkrankungen mit heißem Wasser, sagt man.

Es ist erwiesen, dass der Placeboeffekt eine bis zu fünfzigprozentige Wirkung hat.

Eben. Und das ist die Botschaft, die ich den Menschen gebe. Die Botschaft, die der Mensch hört und mit Leib und Seele, seiner Intuition, seinem Vertrauen, seinem Glauben wahrnehmen kann.

Würden Sie sagen, wir kommen mit der Natur aus, oder brauchen wir die Chemie?

Die Chemie ist auch Natur.

Genügen Substanzen, die die Natur uns gibt – egal ob Pflanzen oder Bäume – im Ernstfall?

Fragen Sie mich etwas Leichteres. Ich glaube, wir sollten mit den Pflanzen, die wachsen und da sind, auskommen.

Wenn wir sie in einer hochkomplexen Verarbeitung vereinen können, halte ich das für wichtig und richtig. Aber im Wesentlichen kommt es immer darauf an, ob der Patient sich für das Medikament, für die Behandlung öffnen kann oder nicht. Die älteste Form der Heilung ist die Berührung, die Handauflegung, und das ist eben mehr als nur die physische Berührung. Vielmehr ist es eine geistige Berührung, und dasselbe passiert mit den Pflanzen. Wenn wir die Pflanzen nur auf ihre physiologischen oder biologischen Inhaltsstoffe reduzieren – was viele Menschen tun – und sagen, die helfen ja gar nichts, dann helfen sie auch nicht. Die Menschen können sich gar nicht auf diese Medikamente einstellen.

Es ist also wichtig, wie man mit der Pflanze umgeht, wie man sie verarbeitet und welche geistige Kraft man dem Ganzen noch beigibt?

Ja. Im Kloster tragen wir alle Pflanzen, die wir ernten, in die Kapelle. Beim Gottesdienst am Abend werden sie gesegnet. Ich bin der festen Überzeugung, dass das eine Wirkung hat. Die gleiche Wirkung, wie wenn jemand ein Brot bäckt und beim Brotbacken betet. Das kann gar nicht anders sein. Die Energie, die geistliche Energie, die da drinnen ist und auch mit anderen Energien zusammenwirkt, ist unglaublich kostbar.

Tut das auch Ihrer mentalen Stärke gut?

Die mentale Stärke würde ich eigentlich als Frömmigkeit bezeichnen. Und der lateinische Begriff für Frömmigkeit ist Pietas, die Sorge des römischen Hausvaters für das Ganze. Und wenn ich das weiter übersetze: Mentale Stärke ist immer die Sorge um die Liebe für das Ganze. Für den ganzen Menschen, für die ganze Schöpfung. Und diese Pietas ist die Kraft, aus der sich zum Beispiel das römische Gemeinwesen und die römische Familie entwickelt haben. Die lebendige Sorge füreinander.

Die Definition von Gesundheit ist laut WHO körperliches, psychisches und soziales Wohlbefinden. Spielt das Soziale eine Rolle oder genügt es, wenn das Immunsystem rein biologisch funktioniert?

Natürlich, die soziale Ebene ist immer eine praktisch erlebbare Beziehungsebene. Ein Mensch, der das verloren hat, wird viel schwerer gesund als ein Mensch, der diese Beziehung noch hat. Wenn Sie einen Patienten in der Klinik haben, der vielleicht allein wohnt und von Beziehungen abgeschnitten ist, so wird er das Krankenhaus später verlassen als jemand, der weiß, er kommt in eine Umgebung, in der er aufgehoben und angenommen ist. Das Zuhause ist ein Ort der Geborgenheit.

Sie haben eine hohe spirituelle Kraft. Wenn Sie eine Krankheit haben, wie gehen Sie damit um?

Als Erstes frage ich mich, welche Beziehung zu mir ich vernachlässigt habe. Also wo sind im Moment meine Beziehungsdefizite, worunter leide ich in meinen Beziehungen? Und dann frage ich mich, wie es mit Gott oder der transzendenten Wirklichkeit ausschaut. Ich frage mich, ob dieses Vertrauen oder der Glaube in letzter Zeit einen Riss bekommen hat. Wenn ich diesen Weg der Wahrnehmung gehe, sachlich und nüchtern, so geht mir ein Licht auf. Es ist zwar oft nicht angenehm, denn da kommt dann die Frage: Warst du schlampig, hast du irgendetwas nicht korrekt gemacht? Ich neige manchmal ein bisschen zu einem Frustessen. Die bayerische oder österreichische Jause ist zwar ein Segen, aber wenn man frustriert ist, kann man das übertreiben mit dem Speck. Daran muss man sich immer wieder erinnern. Eine andere Schwachstelle von mir sind meine Knie. Ich muss jeden Tag gehen, einfach jeden Tag meine Übungen machen und darf nicht jammern.

Sie sind auch Psychotherapeut. Was hat Sie zur Spiritualität gebracht?

Angefangen hat alles, als ich sieben war. Damals hatten wir einen Heilpfarrer. Er ist jeden Tag zwischen 16 und 17 Uhr aus dem Pfarrhof hinausgegangen und hat eine Spazierrunde gedreht. Er ist immer durch das Dorf gegangen, auch über die Felder. Und er ist nie ohne eine Handvoll Kräuter in den Pfarrhof zurückgekehrt. Ich habe das als Bub gesehen, das hat mich interessiert. Ich habe ihn gefragt: »Was ist das?«, und dieser weise Mann hat gemerkt, der Bursche interessiert sich dafür. Er hat mir ein großes Schulheft geschenkt, das ganz leer war, und mich gelehrt, ein Herbarium anzulegen. Ich habe das mit großem Eifer gemacht. Das heißt, er hat mich gefördert in meiner Suche.

Der Benediktiner ist jemand, der Gott sucht, und ich glaube, er hat mir einen Weg gewiesen, Gott in der Natur und in den Heilpflanzen zu suchen. Der Mann hat gesagt: »Weißt du, der liebe Gott hat das so praktisch eingerichtet und die Pflanzen haben sich entwickelt.« Er hat mir das gut erklärt. Und das sind alles Botschaften Gottes. Ich habe mir gedacht, wenn ich es wahrnehme, dass Gott in den Heilpflanzen zu mir spricht, dann schaue ich mir das besser an. Dann möchte ich schon genau wissen, was die Kräuter sagen. Er hat mir gezeigt, meine Ablehnung gegenüber Heilpflanzen zu überwinden, weil er mir diese wunderbaren Zusammenhänge erklärt hat – zwischen der Pflanze, dem Leben der Pflanze und der menschlichen Entwicklung. Das war eine Erleuchtungserfahrung, die mich mein Leben lang nicht losgelassen hat. Jedes Mal, wenn ich bei uns in den Garten gehe und die Pflanzen anschaue, bewegt mich das zutiefst, diese alte Erfahrung, und ich bin unglaublich dankbar dafür, dass ich das geschenkt bekommen habe.

Vielleicht jetzt ein Stichwort, das für die Heilung des Menschen ganz wichtig ist: Dankbarkeit. Wenn ich einen Menschen behandle, geht man durch alle Phasen: Hoffnungslosigkeit, Misstrauen, Unfreude. Aber wenn ein Patient kommt und sagt: »Pater Johannes, ich bin Ihnen so dankbar, dass Sie mir geholfen haben.« Wenn diese Haltung auftaucht, wird der Mensch gesund.

Viele Menschen können dieses Danke gar nicht mehr sagen oder hören.

Ja, eben. Und der persische Mystiker Rumi sagt: »Dankbarkeit ist der Schlüssel zur Freude.« All das hängt eng zusammen.

Die Heilkunde ist eine Weisheit, die durch Empirie weitergegeben wird. Haben Sie trotzdem Vertrauen in die Wissenschaft?

Ich habe kein Misstrauen gegenüber seriöser Forschung. Ich habe kein Misstrauen gegenüber der geistigen Kraft von Naturwissenschaftlern. Die bemühen sich sehr. Es darf natürlich genau erkundet werden, was diese Dinge bewirken. Ich würde nicht jedes Chemiemittel einfach so nehmen, sondern mir das sehr genau anschauen, wie es gemacht ist. Was mich oft stört, ist: Die wenigsten Menschen können den Prozess der Herstellung von Medizin und Heilmitteln noch nachvollziehen. Es ist nicht so, dass ich auf die Wiese gehe und mir einen Spitzwegerich hole und einen Tee mache. Ich muss mich bemühen, das zu erkennen. Ich glaube, dass gute Ärzte das können. Die müssen nicht die genauen Prozesse erläutern, sondern ein Vertrauen aufbauen, dass diese Sache zum Heil der Menschen gemacht ist. Dann wird es sinnvoll sein.

Wenn mir jemand sagt: »Ich habe kein Vertrauen in dies oder das«, dann antworte ich: »Sei vorsichtig.« Ich begleite gerade eine alte Bäuerin. Sie ist 87 Jahre alt, hatte Unterleibskrebs, wurde operiert und jetzt ist ein Rezidiv da. Der Krebs ist zurückgekommen. Die Frau sagt, sie will nicht mehr behandelt werden, keine Chemo, sie will nicht mehr, das passt für sie so, sie kann sich in die Hände Gottes fallen lassen. Und wissen Sie, was? Die Frau stirbt nicht. Es geht ihr gut.

Man muss nur mit sich im Reinen sein …

Und ich fragte die Bäuerin: »Haben Sie Schmerzen?« Sie sagte: »Nein, habe ich nicht. Ich habe lang genug gelebt, genug Sorgen und Freuden durchgemacht, es ist jetzt einmal genug.«

Wie stärken Sie Ihr Immunsystem und wie würden Sie Gesundheit für sich definieren?

Ich stärke es mit einer gesunden, ausgewogenen Ernährung. Am Abend ein Stamperl Kräuterlikör aus der Klosterkellerei, und wenn ich es schaffe – dann weiß ich, dass es mir wirklich gut geht –, jeden Tag eine Dreiviertelstunde oder Stunde gehen. Und zwar ohne Aufregung, ohne Hirnwürmer, wo ich alles Mögliche überlegen muss, sondern einfach gehen. Und mir bewusst sagen, dass mich jeder Schritt näher zu Gott und zu den Menschen bringt. Ich habe erlebt, dass es mir besser geht, wenn ich das konsequent tue – und ebendiese Konsequenz ist oft sehr schwierig.

Haben Sie das Gefühl, dass die Pandemie etwas mit den Menschen gemacht hat?

Eine tiefe Verunsicherung ist durch Corona gekommen, weil die Menschen anfangs nicht wussten, was da geschieht. Nur wenige wissen, was ein Virus ist, und wenn sie es wissen, reduzieren sie das Ganze auf eine virologische Erklärung. Aber die Pandemie macht noch etwas anderes: Sie isoliert uns voneinander, sie macht Angst. Wir können uns unser Leben nicht erklären, wir wissen nicht, was morgen ist, wir wissen nicht, welche Regeln gescheit und welche Regeln dumm sind, und morgen kommen schon wieder andere Regeln. Es ist eine tiefe Verunsicherung und eine Spaltung in der Gesellschaft, in den Familien, überall eine elementare Unrast.

Das hat etwas mit den Menschen insgesamt zu tun, mit der Entwicklung der Menschheit. Ich glaube, wir sind ein wenig zu oberflächlich geworden und haben gedacht, wir hätten das Leben und die Natur im Griff. Wir könnten alles machen, was wir wollen. Wir hätten keine Grenzen. Wir haben den Respekt vor dem Unglaublichen, dem Transzendenten verloren, das uns beeinflusst. Und das alles macht etwas mit uns.

Auch wenn das Virus einmal weg sein sollte – haben wir Schwachstellen in der Gesellschaft?

Das geht nicht weg. Das Virus bringen wir nicht mehr um. Wenn so etwas ausbricht, ist das ein gesellschaftliches Ereignis, auch ein spirituelles. Ich bedaure sehr, dass die Religionsvertreter keine Erklärung gefunden und vor allem keine Antwort gegeben haben. Ich glaube, es ist ein bisschen die Relativierung unserer Allmachts- und Ohnmachtsfantasien.

Hat die Kirche das versäumt?

Ja. Wir haben geglaubt, wir könnten mit Mechanik, mit Chemie, mit solchen Dingen alle unsere Probleme lösen, und das konnten wir dann doch nicht. Nach zweieinhalb Jahren Pandemie und einem Krieg in Europa stehen wir vor größeren Problemen, als wir sie uns vorstellen konnten. Die Menschheit sollte sich auf ihre eigene Selbstheilung konzentrieren.

Glaube und Genuss: So schmeckt das Leben

Patient M. ist da.

Ein 25-jähriger Mann wird auf einer internistischen Station, der Abteilung für Innere Medizin, aufgenommen. Der Patient klagt über Übelkeit. Schon seit Tagen kann er fast nichts essen und scheidet kaum Harn aus. Der Hausarzt hat eine Blutprobe genommen und den jungen Mann sofort an die Klinik überwiesen. Befund: akutes Nierenversagen.

Eine Akutdialyse wird durchgeführt, weil es schon zu einer Harnvergiftung im Blut gekommen ist. Der Patient ist blass, ruhig, zeitweise wirkt er teilnahmslos. Apathisch. Ohne viel zu sprechen, lässt er die medizinischen Prozeduren über sich ergehen. Ein Katheter wird in seine Halsvene eingeführt und an das Dialysegerät angeschlossen, eine Überwachung ist erforderlich. Wegen der Blutsalzentgleisung drohen Herzrhythmusstörungen. Der Zustand des Mannes verschlechtert sich stündlich. Es ist, als würde die Zeit sein Leben auswringen.

Die Ärzte machen umfangreiche Untersuchungen und stellen eine schwere Nierenentzündung fest. Mit Medikamenten, die das Immunsystem bremsen, und einer maschinellen Therapie, in der die nierenschädigenden Antikörper aus dem Blut des Patienten gefiltert werden, versucht das Ärzteteam, die Nierenfunktion zu retten. Sie probieren alles.

Aber der Patient wird immer schwächer. Er bekommt noch eine Lungenentzündung dazu. Deshalb wird eine Antibiotikatherapie eingeleitet. Intravenös und hoch dosiert.

Patient M. wirkt weiterhin teilnahmslos, ohne Lebensenergie, ein Gespräch mit der Psychologin lehnt er ab. Er sagt nichts, schüttelt nur langsam den Kopf.

Einige Tage hält sich dieser Schwebezustand. Ein Totentanz auf dem Hochseil des Lebens. Trotz der Therapien tut sich nichts. Die Werte verbessern sich nicht.

Dann setzt sich in der Nacht ein junger Assistenzarzt zu ihm. Er will nur wissen, wie es dem Mann geht. Langsam entwickelt sich ein Gespräch. Patient M. beginnt, zögerlich zu erzählen. Seine Mutter sei gestorben, als er 14 war. Mit dem Vater hätte er kaum mehr Kontakt. Er hat ihm nicht verziehen, dass er nach dem Tod der Mutter schon bald wieder geheiratet hat. Auch mit dem Bruder gibt es seit Monaten kaum Kontakt. Das schmerze ihn sehr, weil er mit ihm immer über alles reden konnte. Aber sie hatten einen dummen Streit. Dabei ergab ein Wort das andere und plötzlich war diese schmerzhafte Distanz entstanden. Dieser Riss in der Brüderlichkeit. Ein Spaltriss.

Und vor drei Wochen habe sich auch noch seine Freundin von ihm getrennt. Besser gesagt, er ist ihr immer mehr aus dem Weg gegangen, habe Anrufe nicht beantwortet, sich immer mehr zurückgezogen. Bis die Partnerin die Konsequenzen gezogen habe. Davor waren sie fast zwei Jahre lang unzertrennlich, hatten dieselben Hobbys, nette gemeinsame Bekanntschaften. Aber die familiäre Situation und eine herausfordernde Arbeitsstelle hatten ihn zuletzt immer mehr belastet. Nachts wälzte er sich im Bett, fand keine Ruhe. Sein Leben war an einem Wendepunkt angelangt. Er stand vor dem Abgrund, und dort ging es ewig hinunter, bis in die Schwärze. Lange dauert das Gespräch des jungen Arztes mit Herrn M., weit über Mitternacht hinaus. Bis halb zwei. Der Arzt rät ihm, seine Beziehungen zu diesen Menschen zu überdenken. Weil sie ihm wichtig sind.

Der Patient denkt lange nach. Dann sagt er, dass er am nächsten Tag seine Partnerin anrufen werde. Er liebe sie, sehne sich nach ihr. Das Herz sprach klare Worte. Das Herz spricht immer klare Worte.

Am übernächsten Tag sucht Herr M. den Assistenzarzt am Nachmittag in seinem Dienstzimmer auf. Er ist völlig verzweifelt. Die Immuntherapie spricht nicht an, die Nieren wollen ihre Funktion nicht wieder aufnehmen, eine dauerhafte Dialyse droht. Bei Nichtbeachten Tod. Er spricht leise, in kurzen Sätzen. Kurzatmigkeit und eine ausgeprägte Blutarmut zwingen ihn dazu. Er lebt in Zeitlupe.

Er bittet den Arzt, seinen Bruder und seinen Vater zu benachrichtigen. Er möchte sie treffen. Seine Freundin hat ihn heute Mittag schon besucht. Es war ein gutes Gespräch, sagt Herr M. und er wirkt erleichtert. Sichtbar.

Am nächsten Tag kommt der Bruder. Der junge Arzt ist beim Gespräch dabei. Die Brüder schauen sich lange schweigend an. Sekunden werden für den jungen Arzt zur Ewigkeit, aber auch er schweigt. Dann, ganz langsam, bewegen sie sich aufeinander zu. Herr M. richtet sich in seinem Krankenbett auf, der Bruder sitzt am Bettrand und ohne ein Wort zu sprechen, umarmen sie einander, ganz innig, in brüderlicher, tiefer Verbundenheit. Ein Moment wie eine Offenbarung.

Schon am nächsten Tag beginnen die Nieren des Patienten mit der Harnproduktion, die Entzündungswerte gehen in den folgenden Tagen deutlich zurück. Die Ärzte können es nicht glauben. Wie geht das?

Eine Woche später hat sich der Patient weitgehend erholt.

Auch der Vater des Patienten war in der Zwischenzeit gekommen. Dieses Treffen war nicht von der gleichen Innigkeit wie mit dem Bruder, aber Vater und Sohn beschlossen, sich wieder regelmäßig zu treffen. Ein erster Schritt war getan. Das Aufeinander-Zugehen. Nähe erzeugt Wärme.

Wie ging es mit dem Patienten weiter? Er ist völlig genesen, hat seine Partnerin geheiratet. Mit seinem Bruder pflegt er wieder innigen Kontakt. Mit Vater und Stiefmutter trifft er sich heute alle paar Wochen.

Genau so hat sich diese Geschichte im Klinikum Klagenfurt zugetragen. Herr M. ist heute ein gesunder Mensch.

Wunder passieren. Mitten unter uns.

In der Intensivmedizin erleben wir ein- bis zweimal pro Jahr so ein Wunder. Menschen, die der Tod schon umarmt, erreichen einen Punkt, an dem wir Ärzte die Medikation einstellen. Weil die Mittel nicht mehr wirken und das Ende jede Sekunde eintreten kann. Die pharmakologische Verabreichung hat einfach keinen Sinn mehr. Die Angehörigen verabschieden sich, vielleicht kommt noch ein Priester vorbei und dann bricht die Nacht herein. Und am nächsten Tag in der Früh macht der Patient die Augen auf. Er steht vom Bett auf und spaziert hinaus aus der Intensivstation. Als wäre nichts gewesen.

Wir nennen es Lazarus-Phänomen. Nach der Bibel. »Lazarus, steh auf und geh.« Die Auferweckung gibt es auch bei uns im Krankenhaus. Der Patient, der keine Medikamente mehr bekommen hat, die natürlich auch sein Immunsystem beeinträchtigten und runterfahren ließen, ist plötzlich wieder zurück unter den Lebenden. Er steht auf und geht. Wie Lazarus aus Betanien im Evangelium des Johannes: »Und Jesus sprach: Ich bin die Auferstehung und das Leben. Wer an mich glaubt, der wird leben, ob er gleich stürbe, und wer da lebt und glaubt an mich, der wird nimmermehr sterben.«

Manchmal ist das so in Klagenfurt. Und dann schweigen auch wir Mediziner. Wir stehen da und denken: Schau an. Im Studium hat uns das keiner gesagt.

*

Wir schalten um zum Sport.

Willkommen in Tirol. Kühler Septemberwind zieht auf.

Der Himmel ist lackiert in einem Graublau, das ans Metallische grenzt.

Ein Mann mit einer roten Kappe, auf der das weiße »Stiegl«-Logo prangt, kommt bei der Tür herein. Kein »Stiegl«-Bier in der Hand. Er wirkt, als wäre er ständig am Sprung. Dynamogeladen und schnell wie ein Habicht.

Wir nehmen an einem Eichentisch Platz, vor uns zwei Wassergläser und eine Bouteille Grüner Veltliner, nicht angetastet. Die Dinge nehmen ihren Lauf. Selbstheilung und Spitzensport. Mentale Höhenflüge. Schanzen und Chancen.

Alexander Pointner war Cheftrainer der Superadler und setzte für das österreichische Skisprungteam neue Maßstäbe in puncto Erfolg, aber auch bezüglich der Regeneration. Seine Frau Angela leitet seit 2009 das erste Zentrum für Audiovisuelle Wahrnehmungsförderung (AVWF) und Regenerationscoaching in Innsbruck. Selbstheilung ist ein Credo für sie, eine Bestimmung nahezu.

Herr Pointner, wenn es um Faktoren für eine gesunde Lebensführung geht, werden als Erstes eine ausgewogene Ernährung und Sport genannt. Sind Profisportler gesünder als die Durchschnittsbevölkerung?

Spitzensportler müssen sehr auf ihre körperliche und seelische Gesundheit achten, ihr Körper ist ihr Kapital. Ohne Gesundheit ist keine Leistung möglich. Spitzensportler können insofern als Vorbilder dienen, als sie Gesundheit immer mitdenken. Bei den Skispringern gibt es mehrmals im Jahr medizinische Checks oder medizinische Betreuung bei Großveranstaltungen. Gesunde Ernährung gehört zum täglichen Programm wie die notwendige, exakt geplante Erholung. Allerdings müssen Sportler immer wieder ihre Grenzen ausloten und überschreiten, was nicht selten auf Kosten der Gesundheit geht. Für den schnellen Erfolg wird in manchen Sportarten auf nachhaltige Genesung verzichtet und die Sportler werden für wichtige Wettkämpfe fit gespritzt. Viele Spitzensportler sind nach ihrer aktiven Karriere gesundheitlich beeinträchtigt.

Was bedeutet Perfektion für Sie?

Die meisten Sportler und Betreuer glauben, dass nur wichtig ist, unzählige Bewegungsmuster einzuüben, damit sie im Wettkampf automatisiert abgerufen werden können. Ich setze als Trainer auf neue Techniken zur Regeneration. Schon als Nachwuchstrainer beim Tiroler Skiverband oder im B-Kader des ÖSV habe ich neue Methoden zum Bewegungslernen eingeführt. Vor allem die Stärkung des Balancegefühls war mir ein großes Anliegen, weil Skispringen eine Balancesportart ist. Alles geht blitzschnell: Anfahrt, Absprung, Luftfahrt und Landung – ein Sprung von der Großschanze dauert gerade einmal acht Sekunden. Hier in Bewegungsmuster bewusst kognitiv einzugreifen, ist unmöglich. Der Sportler muss sich auf sein Gefühl verlassen können. Und dieses sehr diffuse Gefühl will ich genauer definieren: Wenn ein Sportler sich spürt, heißt das, er kann auf seine Sinneseindrücke zugreifen. Er spürt beispielsweise, wie balanciert er bei der Anfahrt auf den Skiern steht, oder er hört den Rhythmus der Schanze, wenn er sich dem Schanzentisch nähert. Auch das Fluggefühl, das Spielen mit der Luft, wird über Sinneseindrücke erfahren. Das alles ist nur möglich, wenn der Sportler voll fit und erholt ist.

Haben Sie ein Geheimnis, wie man Menschen fit bekommt?

Ja. Ein wichtiger Aspekt war immer der Ausbau der Leistungsdiagnostik. Skispringen ist eine Schnellkraftsportart, die aufgrund der Flugdynamik wenig Muskelzuwachs erlaubt. Hier die richtige Trainingsintensität mit den notwendigen Pausen für jeden Einzelnen zu finden, ist diffizil, aber für den Erfolg entscheidend. Die vom deutschen Lerntherapeuten Ulrich Conrady entwickelte audiovisuelle Wahrnehmung wurde angewendet. Er hatte sich ausführlich mit der Funktion des autonomen Nervensystems beschäftigt und die Bedeutung des Vagusnervs für die Erholung erkannt. Wir setzten schallmodulierte Musik zur Regernation ein und entwickelten eine neue Form des Coachings, das sogenannte Neurocoaching. Dabei wird zwischen Training, Wettkampftraining und Wettkampf unterschieden. Während sich bei Ersterem alles um die Basics, also das Eintrainieren von Bewegungsmustern, dreht, steht beim Wettkampf nur mehr die Performance im Vordergrund. Du musst in einer Sekunde alles geben.

Was bedeutet Neurocoaching?

Dabei geht es darum, den optimalen mentalen Zustand zu unterstützen. Im letzten Augenblick noch auf technische Details einzugehen oder am Material herumzutüfteln, wäre kontraproduktiv. Der Sportler braucht die Sicherheit, auf sich und das bislang Trainierte vertrauen zu können. Dann kann er in Ausnahmesituationen auf seine Sinne und sein Körpergefühl zurückgreifen. Beim Skispringen ist das unabdingbar. Die äußeren Umstände wie Wetter und Wind können jederzeit Einfluss nehmen. Ist der Sportler sicher, in dem, was er tut, vertraut er seinem Körper, wie er das gelernt hat, dann kann er alles erreichen. Dann ist er unverwundbar.

Kann das jeder Mensch lernen?

Ich weiß es nicht. Ich hatte immer das Gefühl, dass das, was ich geleistet habe, nicht genug ist. Unter Druck reagiert unser Organismus völlig anders, da werden Stressreaktionsmuster in Gang gesetzt, die die Körperwahrnehmung verändern und das Zugreifen auf verschiedene Intelligenzzentren beeinträchtigen. Darauf müssen die Sportler vorbereitet sein.

Alexander Pointners Frau Angela beschäftigte sich als Pädagogin und Regenerationscoach ausführlich mit diesem Thema. Sie kam durch AVWF – Audiovisuelle Wahrnehmungsförderung – zum ersten Mal mit der Polyvagal-Theorie von Stephen Porges in Berührung, die damals in Europa noch kaum bekannt war.

Hintergrund: Das autonome Nervensystem macht einen großen Teil des menschlichen Stressreaktionssystems aus. Porges hat mit seinen drei autonomen Zuständen (relax, fight / flight, freeze) eine nachvollziehbare Erklärung geliefert, wie sich Stress im Körper auswirkt und wie sich das anfühlt. Inzwischen ist der Vagusnerv als Selbstheilungsnerv bekannt. Der zehnte von insgesamt zwölf Hirnnerven durchzieht fast den ganzen Körper und agiert als Botschafter zwischen Gehirn und Körper. Mit seinen zahlreichen Verästelungen erreicht er fast alle Organe und bringt von dort Informationen über den Status quo mit. Er steuert aber auch die Atmung, die Herzfrequenz, den Blutdruck, die Verdauung, den Muskeltonus sowie die Funktion von Leber und Nieren.

Angela Pointner erzählt, dass sich anfangs alles hauptsächlich um das Thema »effektive Regeneration« gedreht hat, und zwar im Hinblick auf die Erhaltung einer außergewöhnlichen Leistungsfähigkeit. Ihre Klienten waren Menschen, die entweder ein Unternehmen führten oder eine verantwortungsvolle Position bekleideten. Allen war gemeinsam, dass sie bis in die Haarspitzen motiviert waren und ein unglaubliches Arbeitspensum leisteten. Dabei sollte neben privaten Beziehungen auch die Fitness nicht zu kurz kommen. Ein Klassiker war die extreme Radtour nach der Arbeit auf irgendeine Alm oder ein anderes erschöpfendes Ausdauer- oder Kraftprogramm. Sie alle wollten ihren Kopf freibekommen. Dieses Ziel wurde erreicht – allerdings zu einem hohen Preis. Unser Organismus wertet solche Sporteinheiten genauso als Stress wie die beruflichen Anforderungen des Tages. Statt Stresshormone abzubauen, füllt man seinen Stresstopf so lange, bis er irgendwann übergeht und der Mensch völlig ausgebrannt ist.

Genau das musste die Familie Pointner am eigenen Leib erfahren.

Sie selbst haben das, was sie anderen beigebracht haben, nur halbherzig umgesetzt. Sie lebten ein Leben auf der Überholspur. Auf die Dauer ging sich das nicht aus. Wer ständig seine Grenzen missachtet und sie dauerhaft überschreitet, kommt irgendwann mit dem Aufladen der Batterien nicht mehr nach. So viel Regeneration kann man gar nicht machen. Man kommt nicht umhin, seinen Lebensstil zu überdenken und zu verändern.

Die Pointners wurden durch tragische Umstände dazu gezwungen. Erst bekam der Sohn eine Depression, dann der Vater. Alexander Pointner war derart am Limit, dass er in einen Erschöpfungszustand hineinrutschte. Mit professioneller Hilfe überstanden sie die Krise. Kurz danach erkrankte die Tochter an einer Depression und wollte sich nach der Diagnose das Leben nehmen.

Dieser Schicksalsschlag zog der Familie den Boden unter den Füßen weg. Das Netzwerk an professionellen Helfern, das sie aufgebaut hatten, griff und sie waren alle psychotherapeutisch versorgt. Dazu kamen viele Freundinnen und Freunde, die für sie einkauften oder kochten, die jüngeren Kinder betreuten oder sie zu Spaziergängen und Wanderungen motivierten. Gleichzeitig kämpften sie unermüdlich um die Genesung der Tochter. Sie lag 13 Monate im Wachkoma. Alexander Pointner musste sich nach dem Verlust seines Trainerjobs eine neue Berufslaufbahn als Vortragender aufbauen. Das war nicht einfach. Wer tritt in so einer Situation schon gern in der Öffentlichkeit auf? Angela Pointner schrieb in der Zeit ihr erstes Jugendbuch und achtete darauf, dass die jüngeren Kinder trotz der Krise unbeschwerte Stunden erleben konnten.

»Diese Krise hat uns zusammengeschweißt und Kräfte mobilisiert, von denen wir selbst nicht genau wissen, woher sie kamen«, sagt sie. »In der Psychologie würde man das als resilient bezeichnen.«

Angela Pointner war eigentlich Regenerationscoach. Hatte schon unzählige Menschen beraten, damit deren Körper und Geist wieder rundliefen. Jetzt musste sie sich um ihren eigenen Körper kümmern, denn ein verändertes Körperbewusstsein wirkte sich auch auf die Psyche aus. Sie musste ihr Wissen über Regeneration und das autonome Nervensystem erweitern. Ihr wurde bewusst, dass sie viele Gefühle verdrängte – vor allem negative –, um immer stark bleiben zu können. Sie lernte mit professioneller Hilfe, Gefühle körperlich zu verorten, erkannte, dass hinter der Wut ein anderes Gefühl verborgen lag: die Angst. Das Wichtigste dabei war die Frage, wie sehr der Organismus unter Stress stand. Chronischer Stress oder ein traumatisches Erlebnis können dazu führen, dass ein Mensch ständig in Alarmbereitschaft bleibt. Der Organismus wittert überall eine Gefahr und ist jederzeit bereit zu fliehen oder zu kämpfen. Das bedingt einen ständig erhöhten Muskeltonus und eine höhere Herzfrequenz, aber auch eine verlangsamte Verdauung, weil der Körper die Energie für Kampf oder Flucht bereithält.

Wer ständig in Alarmbereitschaft ist, verbraucht viel Energie. Das kann der Körper auf Dauer nicht leisten. Grundsätzlich ist unser Organismus um Ausgleich bemüht. Nur bei einer reellen Gefahr mobilisiert er alle Kräfte oder schaltet wie bei einem schweren Unfall das Bewusstsein aus, um das Überleben zu sichern. Den normalen Alltag bewältigt eben der Vagusnerv, und zwar der jüngere Anteil, der als ökonomisches und effizientes Bremssystem dient. Ist dieser Anteil des Vagus aktiv, sind wir im Flow, wie Sportler das nennen. Da fühlen wir uns agil, können gut lernen, sind aufmerksam, haben Zugriff auf alle unsere Intelligenzspeicher und sind sozial aufgeschlossen.

Bei einer schweren Erschöpfung oder auch in einer Depression kommen wir nicht aus dem Bett, können uns zu nichts aufraffen, fühlen uns wertlos, können uns nicht konzentrieren. Nichts macht mehr Freude. Diese Zustände kennen die Pointners nur zu gut. Aber sie lernten, dass man sich wieder erholen kann. Schlussendlich hat sich Angela selbst geheilt. Ohne professionelle Unterstützung wäre das nicht möglich gewesen. So wurde sie zu einer Expertin, indem sie alles miteinander verknüpfte: die psychotherapeutischen Erkenntnisse mit der Körperarbeit, die Physiotherapie mit dem Aufarbeiten ihrer Stressregulationsmuster, die Behandlung der Migräne mit der psychologischen Bewältigung von Schmerzen, die leichte körperliche Bewegung mit dem beruhigenden Effekt des Waldbadens und der Motivation durch den Familienhund Sammy, das Wissen um die Funktion und Stärkung des Vagusnervs mit der Audiovisuellen Wahrnehmungsförderung. Es steckte viel Arbeit und Zeitaufwand hinter der Heilung, der Selbstheilung.

In Ausnahmesituationen bleibt für Erholung kaum Zeit, umso wichtiger ist es, effektive Regeneration im Alltag miteinzuplanen. Regeneration geht nicht einfach so nebenbei. Erholung ist nicht nur etwas für diejenigen, die zu wenig stark sind. Erholung ist keine Belohnung für Geleistetes. »Regeneration«, sagt sie, »muss ein gleichberechtigter Teil unseres Lebens sein.« Nur dann bleiben wir gesund oder können uns von einer Krise erholen.

*

Genuss pur

Selbstheilung ist ein Genuss, der auch durch den Magen gehen kann wie die Liebe. Um das auszukosten, recherchierten die Autoren in einem besonderen Restaurant.

Das Weingut Domäne Lilienberg in Tainach öffnet die Pforten. Hereinspaziert!

Angelo Rindler ist Küchenchef des Restaurants Das Lilienberg. Von außen ein Quader aus edlem Stein, mitten in den Weinbergen, umgeben von Landschaft und Ruhe. Innen Luxus in Beige. Die Stühle aus blauem Plüsch haben dieselbe Farbe wie der Himmel, kurz nachdem die Sonne untergegangen ist. Wir schauen durch die großen Glasfenster, die den Blick auf die Natur freigeben. Es duftet nach Muße und ernsthafter Beschäftigung mit dem Thema Kochkunst.

Angelo Rindler trägt ein dunkelblaues Oberteil, das ihn als Chef de Cuisine ausweist, zur schwarzen Hose weiße Sneakers, die Haare kurz geschoren. Er weiß Bescheid, wie es seinen Gästen geht, weil er jedes Mal, wenn sie das Essen beendet haben, zum Tisch kommt, sich vorstellt und mit den Menschen spricht.

Hat so ein Luxus – noch dazu in schwierigen Zeiten – mit Selbstheilung zu tun?, mag sich der Leser fragen. Die wenigsten Menschen können sich Michelin-Sterne-Restaurants leisten. Doch, ja, hat es. Es geht um die Philosophie dahinter: dass essen nicht nur Nahrungsaufnahme sein muss. Es ist der Genuss, der zählt. Das Bewusste. Die Entscheidung, sich genau jetzt etwas Gutes zu tun. Etwas, das einen Nachhall hat und Erinnerungen schafft.

Herr Rindler, was hat Sie angeregt, das Kochen zu einer Kunstform zu erheben?

Ich glaube, es geht darum, die Menschen mit dem, was man tut, zu berühren. Dass das eben nicht nur essen ist, um satt zu werden, sondern ein Erlebnis. Drei Sterne ist das Beste, was man bekommen kann; das ist eine Reise wert. Und das müssen auch die Gäste spüren. Wenn sie zu uns kommen, geht es nicht nur ums Essen. Die Leute sollen etwas mitnehmen. Etwas, das sie auch am nächsten Tag nicht vergessen.

Haben Sie das Gefühl, dass die Gäste anders hinausgehen, als sie hereinkommen?

Natürlich, aber das ist objektiv schwer zu beurteilen. Wenn jemand zu uns kommt und nicht gut drauf ist, so ist es unser Job, dass wir ihn abholen und dazu bringen, die Zeit zu genießen. Wenn jemand zuvor vielleicht mit seiner Frau gestritten hat und die beiden kommen zu uns, dann hat der Kellner den Auftrag, darauf zu achten, es ihnen trotzdem so schön wie möglich zu machen, damit die beiden den Streit vergessen können. Oder wenn jemand vielleicht einen Anlass hat und beispielsweise den Hochzeits- oder Geburtstag bei uns feiert. Das sind Dinge, die man nicht so schnell vergessen möchte. Wenn die Gäste ein Jahr später Fotos von der Feier anschauen und zueinander sagen: »Kannst du dich erinnern?«, dann können sie sich noch einmal freuen.

Hat luxuriöses Essen für Sie etwas mit Gesundheit zu tun?

Natürlich ist gesunde Ernährung ein Thema. Aber ich glaube, bei einem Essen, das es bei mir gibt, kann die Gesundheit nicht im Vordergrund stehen. Weil man auch irgendwie sündigt, wenn man sieben oder acht Gänge isst. Aber wenn alles mit tollen Produkten zubereitet ist, so ist das schon etwas Gutes.

Sie kochen mit Liebe. Haben Sie das Gefühl, dass Sie diesen Genuss von den Gästen zurückbekommen?

Auf jeden Fall. Das erwarten die Leute ja, wenn sie zu uns kommen. In einem anderen Restaurant gibt es auch gutes Essen, aber bei uns geht es um mehr. Wir wollen die Leute berühren, wir wollen ihnen etwas bieten. Wenn ich von den Gästen höre, dass es bei uns wie im Urlaub ist, weiß ich, dass wir alles richtig gemacht haben. Es entschleunigt. Die Gäste sitzen auf der Terrasse und schauen auf den Stausee. Wir machen das ganz bewusst: Wenn die Gäste zu uns kommen, setzen wir sie nicht ins Restaurant, wir setzen sie auf die Terrasse, dann bekommen sie einmal eine Kleinigkeit und vergessen die Zeit.

Haben Sie das Gefühl, dass Sie nicht nur den Körper berühren, weil die Leute eben essen, sondern auch die Seele und das Soziale?

Das ist es, was uns ausmacht. Wir müssen die Leute dazu bringen, den Alltag zu vergessen, wenn sie bei uns sind. Für die paar Stunden. Wenn sie beispielsweise sechs Gänge essen. Dann müssen die Kellner, der Koch – wir alle – die Leute dazu bringen, im Hier und Jetzt zu sein.

Woher kommt diese Philosophie, die Sie vertreten?

Ich habe in einem normalen Hotel Koch gelernt und mich irgendwann gefragt, ob das alles ist. Ich habe gemerkt, dass ich mehr machen will, als nur Schweinsbraten zu kochen oder ein Wiener Schnitzel. Ich kann kreativer sein, viel mehr machen. Das hat mich interessiert. Darum habe ich gewechselt. Erst in ein Einstern-, dann in ein Zweisternerestaurant und zum Schluss war es dann ein Dreisternerestaurant. Ich wollte wissen, wo der Unterschied liegt. Ein Restaurant, das einen Stern hat, ist einfach ein gutes Restaurant. Ein Restaurant, das zwei Sterne hat, das hat einen Umweg verdient. Und eines mit drei Sternen ist sogar eine Reise wert. Darum geht es: dass man Gerichte macht, die die Leute berühren. Die Gäste fahren oft zwei Stunden mit dem Auto dorthin, essen vielleicht drei Gerichte. Und ich habe mir gedacht: Das ist spannend, möchte ich mir anschauen. Deswegen wollte ich mich nicht mit dem Siegel »Gut« zufriedengeben.

Als Arzt ist man glücklich, wenn man helfen kann und vielleicht noch ein Feedback bekommt. Haben Sie auch das Gefühl, dass Sie irgendwie geholfen haben, wenn Sie gut kochen?

Ich sehe nicht immer, welche Gefühlszustände die Leute gerade haben. Oft bin ich happy, wenn die Menschen wirklich zufrieden sind, wenn es allen geschmeckt hat. Das ist das Hauptaugenmerk, der Geschmack. Und dann kommt das Drumherum. Meistens ist es so: Wenn etwas toll schmeckt, ergibt sich das andere von allein. Da merke ich, dass die Leute glücklich sind, dass sie es feiern. Wenn sie das Restaurant verlassen, nachdem sie das Essen genossen haben, sehe ich, dass sie anders sind. Ich war selbst vor Kurzem in Salzburg essen. Bin drei Stunden lang hingefahren und die vier Stunden, in denen ich dort gegessen habe, haben sich wie ein Kurzurlaub angefühlt. Es geht nicht immer darum, zwei Wochen wegzufahren. Meistens reicht ein Wochenende oder einfach eine Nacht, um einmal wohin zu fahren oder sich sechs Stunden in ein Restaurant zu setzen und zu sagen: »Hier lasse ich mich beeindrucken.«

Brauchen wir den Genuss zum Leben?

Unbedingt. Das ist etwas ganz Wichtiges, weil ich glaube, wenn jemand nicht genießen kann, dann wird es schwierig. Sonst würden wir nur essen, wenn wir Hunger haben. Wenn man einmal zu Hause ist und von seiner Mutter das Lieblingsgericht serviert bekommt, das man schon als Kind geliebt hat, wird man das genießen.

Gehört guter Wein dazu?

Das muss jeder Mensch für sich entscheiden. Ich war vor ein paar Tagen essen. Meine Frau hat dazu etwas getrunken. Ich nicht, ich musste fahren. Ich habe es aber genauso genossen. Wir brauchen keinen Alkohol, um das Essen noch mehr genießen zu können. Das wird oft falsch verstanden. Aber wenn man mit mehreren Leuten unterwegs ist, so werden eher ein paar Gläser getrunken. Manchmal wird es auch ein bisschen lustiger. Dass das ein Muss ist, glaube ich nicht. Ich denke, es geht eher darum, wie weit wir uns auf etwas einlassen können.

Haben Sie das Gefühl, dass die Pandemie die Menschen verändert hat, die zu Ihnen kommen?

Ja. Ich finde, die Leute nehmen sich jetzt bewusster Zeit, weil sie so lange darauf verzichten mussten.

Wir brauchen, um gesund zu sein, ein gutes Immunsystem. Was tun Sie, um Ihres zu stärken?

Ich trinke in der Früh ein Glas lauwarmes Wasser mit einem Spritzer Zitrone, weil mir das guttut. Wenn ich verkühlt bin, trinke ich Ingwertee mit einem Löffel Honig, das stärkt. Viel zu trinken, vergesse ich leider oft bei der Arbeit, dann komme ich am Abend drauf, dass ich den ganzen Tag nur ein halbes Glas Wasser getrunken habe.

Wie würden Sie Gesundheit für sich definieren?

Gesund bin ich, wenn ich in der Früh aufstehe und das Gefühl habe, »der Welt einen Haxen ausreißen« zu können. Wenn ich nicht durch Kopfweh oder irgendetwas anderes gehemmt bin. Wenn mir nichts fehlt. Wenn wir uns auf das konzentrieren können, was wir machen wollen. Dann sind wir gesund, können Gas geben.

In Ihrem Beruf gibt es Stress, Ihre Gäste haben eine hohe Erwartung. Schaffen Sie es trotzdem, immer im »Hier und Jetzt« zu sein?

Nein, leider. Aber ich glaube, wir müssen den Fokus neu setzen, sonst verlaufen wir uns. Ein gewisser Druck gehört schon dazu. Wenn ich die richtige Menge Druck habe, kann ich die Sachen effizient abarbeiten. Zu viel ist nicht gut, zu wenig aber auch nicht. Da braucht es ein gesundes Mittelmaß.

Wie wichtig sind – aus Ihrer Sicht – Liebe und Geborgenheit?

Ich denke, wer privat nicht glücklich ist, kann im Job nicht so viel Leistung bringen. Und das Zuhause sollte eigentlich ein Ort sein, wo Ruhe herrscht, wohin wir gern heimkommen, wo wir uns fallen lassen können, wo ich mit meiner Frau darüber reden kann, wenn ein Tag einmal nicht so toll gelaufen ist, wo wir Energie tanken können, ein Ruhepol. Das heißt jetzt nicht, dass man unbedingt eine Freundin oder einen Freund braucht. Energie können wir auch holen, wenn wir allein zu Hause sind – wenn wir mit allem im Reinen sind.

Gibt es für Sie eine höhere Macht? Den Glauben an irgendetwas?

Ich denke, dass es wichtig ist, an irgendetwas zu glauben. Man muss sich dafür entscheiden. Einer sagt, ich glaube an nichts und mir geht es gut. Ein anderer sagt, ja, ich glaube an etwas. Da ist schon etwas dran. Ich zünde in der Küche immer eine Kerze an, wenn wichtige Sachen auf uns zukommen. Auch wenn ich meine Mitarbeiter damit zum Lachen bringe. Ich sage: »Kommt, Jungs, zünden wir eine Kerze an, dann werdet ihr sehen, es wird gleich besser laufen.« Ich habe auch ein Weihrauchöfchen. Der Geruch beruhigt. Es ist sicher ein bisschen Einbildung dabei, aber ich glaube, daran kann man sich festhalten.

Sie würden aber schon Medikamente nehmen, wenn ein Arzt sie Ihnen verschreibt? Oder würden Sie das kritisch hinterfragen?

Ich hinterfrage das schon. Ich würde einen befreundeten Arzt fragen und mir noch eine zweite Meinung einholen. Ich habe schon öfter die Erfahrung gemacht, dass es nicht immer sinnvoll ist, zum erstbesten Arzt zu laufen.

Es gibt Veganer und Vegetarier. Was halten Sie vom Abdriften in gewisse Richtungen – ist man gesund, nur wenn man das macht?

Ich glaube, es kommt auf die Person an. In das Restaurant, in dem ich zuvor gearbeitet habe, kamen viele Sportler. Die haben sich glutenfrei ernährt, weil sie dadurch angeblich eine bessere Verdauung hatten und mehr Leistung erbringen konnten. Das waren Spitzensportler. Jeden Tag in der Früh wurde der Blutzuckerwert gemessen. Es ging ihnen darum, den Körper wie eine Maschine zu behandeln. Ich glaube, für einen ganz normalen Menschen ist es am gesündesten, sich einfach bewusst zu ernähren. Man muss kein Veganer sein, kein Vegetarier. Man sollte diese Dinge bewusst machen. Ich habe vorige Woche ein Steak gegessen, dann wieder eine Zeit lang auf Fleisch verzichtet.

Aber Sie heißen Rindler …

(Lacht) Richtig. Wer ein- oder zweimal in der Woche sagt: »Ich will ein Steak«, der soll auch ein ordentlich gemachtes bekommen. Das ist wie mit dem Glas Alkohol: Jeden Tag drei ist zu viel, aber eines – oder jeden zweiten Tag eines – ist vermutlich in Ordnung. Ansonsten halte ich von diesen Sachen nicht viel. Die Leute sehen etwas bei einem Spitzensportler und kupfern es eins zu eins ab. Das bringt nichts. Ein Fußballspieler denkt sich etwas dabei, wenn er sich in bestimmter Weise ernährt, um noch mehr aus sich herauszuholen. Er will den Körper auf einem bestimmten Level halten. Wenn ich mich zwei Tage lang gluten- oder laktosefrei ernähre, kann ich sicher nicht übermorgen mehr Leistung bringen. Wenn ich merke, Laktose tut mir nicht so gut, kann ich darauf verzichten, weil ich dann in meinem Tagesablauf fitter bin. Meines Erachtens nach habe ich mehr Energie für den Tag, wenn ich nicht zu viel Fleisch esse. Auch wenn ich spätabends nichts mehr esse, habe ich am nächsten Tag mehr Energie, weil ich dem Körper in der Nacht die Chance gebe, das System herunterzufahren.

Wichtig ist, alles bewusst zu machen …

Ja, genau. Aber einfach zu sagen, ab morgen bin ich vegan, ist zu wenig. Ich glaube, ich muss mir Gedanken über das Warum und das Wieso machen. So zu leben, nur weil mir die Tiere jetzt so leidtun, ist zu wenig. Wenn ich etwas mache, möchte ich wissen, warum ich es mache. Wenn es mir etwas bringt, ist es gut, aber wenn es mir nichts bringt, mache ich es nicht.

*

Seit vielen Jahren beschäftigt sich auch Herwig Ertl, Inhaber der Edelgreißlerei in Kötschach-Mauthen, mit dem zelebrierten Genuss. Er gibt jenen nachhaltigen Produzenten, die aus ihrer traditionellen Landwirtschaft und Lebensform schöpfen, um ehrliche, gesunde Produkte herzustellen, eine Bühne. In der Edelgreißlerei wird die Philosophie der Hersteller vermittelt und den Kunden Lust darauf gemacht, diese Menschen persönlich kennenzulernen. Herwig Ertl zeichnet seine Produzenten mit einem eigenen Qualitätssiegel aus. »BIO – Bin in Ordnung.«

Ganz im Sinne von Slow-Food-Gründer Carlo Petrini, der fordert: »Jeder hat das Recht auf gut, sauber und fair produzierte Lebensmittel.« Ebendiese Einstellung will Herwig Ertl seinen Kunden näherbringen. Ihnen die Augen öffnen, wie einfach und gut Genuss sein kann, wie man wertschätzend mit Produkten umgeht. Wie ein wertvolles Produkt mit einem anderen kombiniert werden kann: mit einem Tropfen Essig oder Öl beispielsweise, um eine Geschmacksexplosion am Gaumen zu erleben. Solche Situationen erwecken Glücksgefühle und Begeisterung, sich selbst und anderen gegenüber, und das steckt an. Man hat Lust, weiterzumachen. Man tut sich Gutes. Solche Momente sind heilsam. Das macht offen und bereit, die Welt zu umarmen.

Es geht darum, die Aromen der einzelnen Produkte zu erkennen und zu genießen. Nur wer sich Zeit nimmt und sie sich auf der Zunge zergehen lässt, kommt in diesen Genuss.

Wenn ein Produkt eine Geschichte erzählt, enthält es Gefühle, einen besonderen Nährwert – mehr als auf der Rückseite der Verpackung zu lesen steht. Wenn es gelingt, diesen

Mehrwert zu transportieren, so füllt nicht nur das Produkt den Magen, dann berührt Freude die Seele.

Genuss bedeutet achtsamen Umgang mit wertvollen Lebensmitteln. Bewusst wertvolle Produkte zu wählen und dabei Freude zu haben, sich darauf einzulassen.

»Wir müssen wieder beginnen, ernsthaft zu kochen«, sagt Herwig Ertl, der sich selbst als Dickkopf beschreibt. »Das Aufbacken einer Fertigpizza geht nicht rascher als das Zubereiten eines guten und gesunden Pastagerichts. Auch wenn jemand mit einer kleinen Geldbörse da und dort sparen muss, stellt sich immer die Frage: Was will ich mir leisten? Was hat Priorität? Das neue Handy oder gute, fair produzierte Lebensmittel? Was bin ich mir wert, welchen Anspruch habe ich? Dann kann ich auch mit kleiner Geldbörse gut einkaufen.«

10 Ernährungstipps für mehr Freude am Essen

1. Auf die Suche nach wertvollen Produzenten gehen, insbesondere bei tierischen Produkten.
2. Die Produkte kritisch auswählen und bewusst genießen.
3. Sich auf Neues einlassen.
4. Produkte mit anderen kombinieren und so neue Geschmacksfeuerwerke entdecken.
5. Offen sein für jede Art von Küche: Fleisch, Fisch, vegetarisch oder vegan.
6. Sich von Ernährungsmagazinen nicht blenden lassen.
7. Auf den eigenen Körper hören.
8. Mehr Wert auf gutes Essen legen und sich Zeit beim Essen lassen.
9. Diskonter-Angebote links liegen lassen.
10. Am besten mit frischen Zutaten kochen.

Die Medizin in Zeiten der Digitalisierung

Eine 95-jährige Patientin wird zum wiederholten Mal auf der akutgeriatrischen Station aufgenommen. Seit dem letzten Aufenthalt hat sich ihre Herzfunktion deutlich verschlechtert. Bei Frau W. besteht, wie wir Ärzte es nennen, eine ausgeprägte chronische Nierenschwäche.

Mit ihr und ihren Angehörigen besprechen wir die verschiedenen Möglichkeiten der Therapie bis hin zur Dialyse. Einer Nierenwäsche, wie die Patientin es ausdrückt, möchte sie sich keinesfalls unterziehen.

Die betreuende Oberärztin versucht mit viel Geschick und behutsamer Anwendung diverser Medikamente, die Situation ohne maschinelle Unterstützung in den Griff zu bekommen. Einige Tage lang tut sich wenig. Die Patientin aber ist zuversichtlich, ihr Lebenswille groß. Unterstützt durch ihre Kinder und Enkelkinder, gelingt es ihr, ihre Motivation aufrechtzuerhalten. Sie müht sich aus dem Bett, um mobil zu bleiben, obwohl sie wegen ihrer Arthrose Schmerzen hat. Sie zeigt es nicht, lächelt immer und nickt den Schwestern freundlich zu.

Nach einer Woche erholt sich Frau W. und möchte nach Hause. Eine 24-Stunden-Betreuerin sei dort vor Ort, auf die freue sie sich schon. »Sie ist ein Engel«, sagt sie.

Frau W. wird entlassen. Ein paar Tage später fährt sie mit ihrem Enkel in ein großes Elektrofachgeschäft und kauft sich einen neuen Fernseher mit großem Bildschirm. Damit sie ihre geliebten Serien besser verfolgen kann. Was 4K bedeutet, ist ihr nicht so wichtig. Pixel, aha. Sturm der Liebe ist auf einmal so lebensnah in der Darstellung, dass sie meint, mitzuspielen. Frau W. ist verblüfft, was die Technik heute kann. Sie kennt die Welt, als es noch Hörspiele im Radio gab, später Schwarz-

Weiß-Fernsehen und die Mondlandung. Das waren noch Zeiten! Frau W. weiß, dass es Computer gibt, und das ist gut so, aber nichts mehr für sie.

Nur zwei Monate später wird ihr Sohn, 70, wegen wiederkehrender Hirnblutungen operiert und zur Therapie auf dieselbe Station, wo zuvor seine Mutter behandelt wurde, überstellt. Durch die Operationen und die Erkrankung ist Herr W. desorientiert, er kann seine Situation nicht einordnen. Operationen? Soso. Selbst zur eigenen Person kann er kaum Angaben machen. Durch die Besuche seiner Mutter lernt er das Spital und die Mitarbeiter der Station kennen. In den darauffolgenden Nächten verschlimmert sich sein Zustand.

Das gesamte geriatrische Team betreut Herrn W., versucht ihm Orientierung, Halt zu geben in dieser Phase der Wirrnisse.

Durch viel Zuwendung, verknüpft mit einer medikamentösen Unterstützung gelingt es, Herrn W. aus dieser akuten Verwirrtheit herauszuholen und ihn in das häusliche Umfeld zu seiner Gattin zu entlassen. Seine Frau ist dankbar, dass er wieder daheim ist. Ein Geschenk Gottes, wie sie sagt. Er selbst ist still und schaut gegen die Wand. Zwischendurch sieht sie, wie sein Blick klar wird und die Erinnerungen kommen. Er lächelt wie ein Kind, das etwas Außergewöhnliches begriffen hat.

Der Patient, der im Vorfeld der Operation und dann längere Zeit völlig desorientiert war, erholt sich zu Hause bestens. Als seine Mutter ein Jahr später zu Hause stirbt – sie war übrigens seit dem letzten Aufenthalt an der Akutgeriatrie nicht mehr im Krankenhaus –, steht er mit Krawatte und Anzug trauernd an ihrem Grab.

Drei Monate später wird seine Frau, 69, mit akuten Atemproblemen in das Krankenhaus eingeliefert. Ihre chronische

Bronchitis hatte sich ganz plötzlich verschlechtert, dazu kam eine Lungenentzündung.

Nach einer Woche intensiver Therapie wird Frau W. auf dieselbe Station, auf der schon die Schwiegermutter und der Gatte waren, überstellt. Auch sie ist instabil, braucht maschinelle Atemunterstützung. Die Patientin hat ausgeprägte Angstzustände. Wieder bemüht sich das gesamte Team um Frau W. Medikamente, psychologische Betreuung – das volle Programm. Schon nach drei Tagen hat sich ihr Zustand deutlich gebessert. Frau W. braucht noch laufend Sauerstoff, kann sich auf der Station aber weitgehend selbstständig bewegen. Einige Tage später geht sie nach Hause. Die nötigen Hilfsmittel hat die Station organisiert.

Der Aufenthalt von drei Mitgliedern einer Familie auf einer Station in so kurzer Zeit ist ungewöhnlich, zeigt uns aber, wie Vertrauen und aufrichtiges Bemühen um die Patienten zu einem sogenannten Rückkopplungsmechanismus führen. Sowohl bei den Patienten als auch bei ihren Angehörigen und beim betreuenden Team. In der Wirtschaft würde man von einer Win-win-Situation sprechen: Alle haben etwas davon. Heilung durch Zusammenspiel. Manchmal braucht es eben doch die Medizin, um einer Krankheit zu begegnen.

Das Beispiel zeigt auch eine der Herausforderungen auf, die in den nächsten Jahrzehnten auf die Medizin warten: der demografische Wandel in der Gesellschaft. Wie am Anfang des Buches erwähnt: Die Leute werden immer älter.

Die zweite Herausforderung, die auf die Medizin zukommt, ist die Digitalisierung. Damit einher gehen Begriffe wie künstliche Intelligenz, Big Data oder eHealth. Die Digitalisierung hat längst Einzug in die Medizin gehalten. In jedem Behandlungszimmer steht heute mindestens ein Computer. So mancher Arzt schaut dort länger hinein als auf den Patienten.

Die Digitalisierung hat die Bürokratie für Ärzte wesentlich vereinfacht. Statt in dicken Patientenakten, die früher in unzähligen Schränken lagerten, steht jetzt alles im System. Mit der elektronischen Gesundheitsakte elga sind die einzelnen Befunde in einer Datensammlung zusammengefasst. Ärzte können sich ein umfassendes Bild des Patienten machen. Alle Informationen sind gebündelt.

Ein Beispiel: Ein Patient braucht dringend ein Medikament. Ihm wurde vor einem Jahr die Schilddrüse entfernt, seitdem muss er täglich in der Früh eine Thyrex-Tablette zu sich nehmen. Jetzt ist ein kleiner Notfall eingetreten: Die Tabletten sind ihm ausgegangen. Für den nächsten Tag in der Früh hätte er keine. Wenn jemand, dem die Schilddrüse entfernt worden ist, einen Tag keine Tablette nimmt, ist das übrigens nicht so schlimm. Aber es ist 17.45 Uhr und der Patient weiß, dass sein Hausarzt an diesem Tag nur bis 18 Uhr und am nächsten Tag gar nicht offen hat. Er ruft beim Hausarzt an. Die Sprechstundenhilfe leitet ihn sofort an den Arzt weiter. Der Doktor sagt ruhig: »Kein Problem. Ich schicke das Rezept gleich an die Apotheke. Die hat bis 19 Uhr geöffnet. Von dort können Sie das Medikament heute noch abholen.« Der Patient geht in die Apotheke, weist sich mit seiner e-Card aus und erhält das Medikament. So einfach ist das.

Ohne elga wäre das nicht möglich. Trotzdem haben sich viele Menschen, als die elektronische Gesundheitsakte vor ein paar Jahren lanciert wurde, abgemeldet. Weil sie nicht wollten, dass jeder Arzt Zugriff auf ihre Gesundheitsdaten hat. Oder weil sie sich wünschen, falls sie einmal einen Arzt aufsuchen müssen, dass er sie unvoreingenommen empfängt und eben nichts von etwaigen Vorerkrankungen ableiten kann. Das Vertrauen in die neue Technik ist nicht bei jedem angekommen. Sogar manche Ärzte waren skeptisch und murmelten etwas von Überwachung und gläsernem Patienten.

Andere hießen die vierte industrielle Revolution willkommen. Nennen wir sie die Optimisten der Digitalisierung. Mit Fitness-Watches und Health-Trackern sammeln sie rund um die Uhr Vitaldaten. Mag sein, dass das für manche nur eine Spielerei ist, aber die Verwendung dieser Helferlein, die einem beispielsweise auch sagen, wenn man sich zu wenig bewegt, steigert das Gesundheitsbewusstsein.

Das Internet hat zu einer neuen Informationsmöglichkeit für Patienten geführt. Fast jeder kann sich heute Informationen zu seinen Beschwerden er-googeln. Freilich ersetzt eine 15-minütige Recherche im Netz kein Arztstudium, aber viele Patienten eröffnen ein Arztgespräch heute mit den Worten »Ich habe eh schon im Internet nachgeschaut« und nennen dem Arzt gleich den lateinischen Fachausdruck für die vermutete Erkrankung. Ein Interesse an den Symptomen oder generell an der jeweiligen Krankheit ist natürlich nicht schlecht, aber nur durch ein falsches Wort bei der Suche kann der Laie auf eine andere Fährte gelockt werden. Es gibt zwar viele seriöse Gesundheitsseiten im Netz, das Internet kennt aber viele Wahrheiten. Der Fake Doc ist nicht weit, lauert ums digitale Eck und gibt Ratschläge, die keiner braucht. Schenkt man jedem Posting Glauben, kann das in der Intensivstation enden, siehe Ivermectin & Co.

Gehen wir einen Schritt weiter. Nehmen wir an, es wäre möglich, all die Daten, die Menschen freiwillig auf verschiedenen Social-Media-Kanälen posten – wo sie etwas gegessen haben, mit wem sie was gemacht haben, welche Abendveranstaltungen sie besucht und was sie getrunken haben –, all diese Details könnten von einer künstlichen Intelligenz analysiert werden. Hätten wir eine Datensammlung, die das wahre Leben nahezu vollständig abbildet – und zwar weltweit –, könnten wir, wenn ein Patient zu einem Arzt kommt und über seine Beschwerden klagt, feststellen, dass es Leute auf anderen Kontinenten gibt, die ähnliche Beschwerden haben. Dann könnte der Arzt nachschauen, wie diesen Menschen geholfen wurde, und weiß, welche Therapie Erfolg verspricht.

Solche Therapie- und Diagnosetools wird es in Zukunft geben. Ob wir das wollen? Es wird darauf hinauslaufen, dass künstliche Intelligenz (KI) Einzug in den Alltag der Medizin hält.

Etwa bei bildgebenden Verfahren arbeitet heute schon eine KI mit. In Heidelberg ist ein System in Entwicklung, das Hautkrebs erkennt. Die KI analysiert Bilder von Hautveränderungen wie Leberflecken oder Muttermale und bewertet sie nach Farbe oder Beschaffenheit der Ränder. Einen echten Arzt kann das System noch nicht ersetzen, denn durch Tasten kann ein Arzt wesentlich mehr Informationen für eine Diagnose sammeln. Aber KI wird in der Medizin immer bedeutender. Da sind sich alle Experten einig. Auch die künstlichen.

BCI

Die Abkürzung bedeutet Brain-Computer-Interface, also eine Schnittstelle zwischen Mensch und Computer. Dabei werden die Ströme im Gehirn gemessen und an einen Computer weitergeleitet. Auf diese Weise können Exoskelette oder Prothesen durch Gedanken bewegt werden. Mensch und Maschine werden in den kommenden Jahren weiter zusammenwachsen. Die Kybernetik ist unaufhaltsam.

Organe aus dem 3-D-Drucker

Tausende Menschen warten auf neue Organe, weil ihre eigenen nicht mehr so gut funktionieren oder den Dienst aufgegeben haben. Viele Menschen sterben in der Wartezeit, weil nicht rechtzeitig ein passendes neues Organ gefunden werden konnte. 2019 haben israelische Forscher mit einem 3-D-Drucker ein Miniherz gedruckt. Das war nicht größer als eine Kirsche, aber es sah aus wie ein menschliches Herz. In Deutschland können Wissenschaftler schon jetzt Leberzellen in dreidimensionaler Form drucken. Diese arbeiten wie eine menschliche Leber. Wie lange es noch dauern wird, bis normal große, funktionierende Organe aus 3-D-Druckern kommen, können die Forscher und Experten noch nicht sagen, aber die Wissenschaftler sind zuversichtlich, dass im Printen die Zukunft liegt. Im Juni dieses Jahres wurde zumindest ein Ohr ausgedruckt und problemlos eingepflanzt.

Robotik

Wenn es um die Chancen der Digitalisierung geht, fällt immer wieder der Begriff Robotik. Schon heute gibt es OP-Roboter, die über eine extrem hohe Präzision verfügen. Allerdings werden diese Roboter noch von operierenden Ärzten gesteuert. Der DaVinci-XI-Roboter überträgt die Bewegungen des Chirurgen, der die Instrumente auf einem Bild mit zehnfacher Vergrößerung sieht und ganz präzise einsetzen kann.

Was wird die Zukunft hier bringen? Irgendwann werden autonome Roboter mit Kameras den Patienten scannen und operieren. Der Arzt wird nur mehr zuschauen und gegebenenfalls eingreifen. Aber so präzise, wie ein Roboterarm arbeitet, schafft das kein Mensch mit einem Skalpell.

Probleme der Digitalisierung in der Medizin

Die neuen Technologien sind sehr teuer. Die Herstellerbetriebe werden sich ihre jahrelangen Forschungen gut bezahlen lassen. Schließlich haben sie auch viel Geld in die

Entwicklung gesteckt. Genau das wird ein Thema unseres Gesundheitssystems sein, das eigentlich für die bestmögliche Versorgung zuständig ist. Am Ende geht es immer nur ums Budget.

Weit gefährlicher für die Digitalisierung ist das Thema Datenschutz und Cybersicherheit. Mit Big Data und der zunehmend digitalen Verarbeitung – auch von Patientendaten – muss die Sicherheit dieser Daten gewährleistet sein. Alle paar Monate hören wir, dass dieses oder jenes System gehackt worden ist oder ein Computervirus unterwegs ist und wir bestimmte E-Mails nicht anklicken sollen. Eine hundertprozentige Sicherheit scheint unmöglich. Ein System gilt so lange als sicher, bis es gehackt wird. Daher stehen viele Menschen der Digitalisierung, trotz aller Möglichkeiten, die sie bietet, skeptisch gegenüber. Datensicherheitsfirmen arbeiten ständig an der Verbesserung ihrer Software. Die Digitalisierung wird, auch in der Medizin, nicht erst irgendwann auf uns zukommen, wir sind schon mittendrin.

Diesen Absatz hat aber noch ein Mensch geschrieben.

Anleitung zur Selbstheilung: 50 Tipps

Just do it! Wir haben in den vorigen Kapiteln viel über Selbstheilung erfahren. Wir haben Geschichten von Menschen kennengelernt, die auf wundersame Weise von ihren schweren Erkrankungen genesen sind. Wir haben Menschen – von der Bergbäuerin bis zum todkranken Arzt – zu Wort kommen lassen, um ihre Sicht zu verstehen. Wir haben uns über die Medizin informiert. Wie die heutige Reparaturmedizin funktioniert. Dass die Menschen in unseren Breiten zwar allesamt älter werden, aber viele ihre letzten 20 Jahre mit chronischen Leiden verbringen. Wir haben erfahren, dass viele dieser Leiden selbst verursacht sind. Wegen eines ungesunden Lebensstils oder zu wenig Bewegung. Und wir wissen es eh, wenn wir wieder einmal den Knopf für den zweiten Stock im Lift drücken oder einen Burger in uns reinstopfen … Aber wir tun es trotzdem. Und wenn wir das zu oft machen, hat das dann irgendwann unschöne Folgen.

Wir sollten lernen, Verantwortung für uns selbst zu übernehmen. Das ist der Schlüssel zur Selbstheilung. Jeder Mensch verfügt über Selbstheilungskräfte. Was den inneren Arzt aktiviert, haben wir versucht, in diesem Buch zu erkunden. Wie er wirkt, wann er wirkt. Und was wir dafür tun müssen. Um wieder glücklich und gesund zu werden, haben wir die Punkte, wie wir wieder zu uns selbst finden, noch einmal zusammengefasst:

Erstens: Was wir tun können, um überhaupt gesund zu leben und zu bleiben.

Zweitens: Was wir im Fall einer Erkrankung tun können, um eben die Selbstheilungskräfte zu aktivieren.

Und drittens: Was im Gesundheitssystem passieren muss, damit es nicht an sich selbst erstickt.

So bleiben Sie gesund

1. Übernehmen Sie Verantwortung für sich selbst.

2. Eine gesunde Ernährung. Die in unzähligen Ernährungstipps erwähnte mediterrane Küche zählt zu den gesündesten Ernährungsweisen weltweit. Typisch dafür: viel Obst und Gemüse, Nüsse, Olivenöl, viel Fisch, wenig Milch und weißes Fleisch.

3. Für die Gesundheit extrem wichtig ist Bewegung. Sie hält gesund und gibt unseren Organen einen Schubs, damit sie ordentlich funktionieren. Und auch für die Psyche ist Bewegung wichtig. Schon dreimal in der Woche spazieren gehen hat erstaunliche Auswirkungen, wie aktuelle Forschungsergebnisse zeigen. Ein Buchtipp dazu: Lebensmotor Bewegung von Ernst Minar und Slaven Stekovic. Dort steht alles drinnen, was es über Bewegung zu sagen gibt.

4. Regelmäßige Entspannung ist ein weiterer essenzieller Punkt für ein gesundes Leben. Das Finden der richtigen Work-Life-Balance, das notwendige Runterkommen. Nehmen Sie sich bewusst Zeit, um Körper und Geist zur Ruhe kommen zu lassen. Permanenter Stress ist ein leiser Mörder.

5. Schlaf. Unser Körper braucht den Schlaf, um sich regenerieren zu können. Zu wenig oder schlechter Schlaf wirkt wie Gift auf die Gesundheit. Das blaue Licht des Fernsehers – insbesondere beim Einschlafen – bewirkt unruhigen Schlaf. Der Kopf kann nicht abschalten. Am besten

vor Mitternacht ins Bett legen, vielleicht noch ein paar Seiten lesen und das Handy im Nebenzimmer ablegen. Flugmodus.

6. Nicht rauchen. Schon eine Zigarette am Tag erhöht das Risiko für Herz-Kreislauf-Erkrankungen und Schlaganfall erheblich.

7. Kein oder wenig Alkohol. Egal ob fünf Bier oder ein Glaserl Rotwein am Abend. Alkohol ist Alkohol. Und der schädigt unsere Organe. Wenn Sie Alkohol trinken, dann bewusst und genussvoll.

8. Wenig Zucker. Zu viel Fruchtzucker führt zu einer Fettleber. Ist der Speicher dort voll, wird Zucker in Fett umgewandelt. Industriezucker ist in vielen Produkten versteckt, wie etwa in Fruchtjoghurt oder gesüßten Limonaden. Zu viel Zucker führt nicht nur zu schweren Erkrankungen wie Diabetes, Zucker – so süß er auch daherkommen mag – nährt auch den Krebs.

9. Im Alter geistig aktiv bleiben. Lesen Sie, lösen Sie Kreuzworträtsel, machen Sie ein Sudoku, lernen Sie eine Fremdsprache, wenn auch nur ein paar Wörter. Fangen Sie an zu malen oder basteln Sie Blumengestecke. Tun Sie etwas, das Ihnen richtig Spaß macht. Wer in die Kreativität eintaucht, geht darin auf wie in einem Badesee im Sommer.

10. Schreiben Sie eine Kurzgeschichte. Oder ein Buch, wenn Ihnen der Sinn nach großen Aufgaben steht. Das Befassen mit den Buchstaben ist magisch und heilsam. Sie wollen Ihr Leben festhalten? Dann schreiben Sie sich gesund.

Im Internet finden Sie – auch online zu absolvierende – Schreibkurse und Menschen, die Ihnen dabei helfen. Oder Sie lassen sich einfach inspirieren und schauen, wohin die Reise geht. Authentische Texte haben Sogkraft.

11. Beschäftigen Sie sich mit Musik. Ein Plattenspieler wirkt anders als Streaming von irgendetwas. Nehmen Sie sich die Zeit, in Ruhe etwas zu hören.

12. Lernen Sie ein Instrument zu spielen. Es muss nicht gleich ein Konzertflügel sein. Vielleicht Blockflöte zum Einstieg oder eine Probestunde an der Gitarre. Die Nachbarn werden das Schlagzeug nicht mögen, aber Sie bleiben in Ihrer Mitte – vielleicht im Probenkeller.

13. Gehen Sie zur Gesunduntersuchung. Und zwar regelmäßig. Dabei werden Ihre Vitalfunktionen durchgecheckt. Und wenn wieder einmal alles in Ordnung ist, zumindest soso lala, ist das doch ein beruhigendes Gefühl. Sie können sich einen Health-Tracker zulegen, dann haben Sie Ihre Vitalfunktionen immer im Blick. Lassen Sie die Gesunduntersuchung aber keinesfalls aus. Die inneren Werte sind wie ein Fingerzeig in die Zukunft.

14. Messen Sie Ihren Blutdruck. Am besten mit einem Gerät bei Ihnen zu Hause.

15. Stärken Sie Ihr Immunsystem. Wenn Sie sich regelmäßig an der frischen Luft bewegen, tun Sie schon viel Gutes für Ihr Immunsystem. Essen Sie viel Obst – Vitamine stärken das Immunsystem. Und achten Sie darauf, dass Sie ausreichend Mineralstoffe zu sich nehmen.

16. Regen Sie sich nicht unnötig auf. Wenn Sie das nächste Mal mit dem Auto durch eine enge Straße fahren, in der ein anderer Verkehrsteilnehmer gerade sein Auto etwas schwerfällig in eine Parklücke zwängt, dann drücken Sie nicht auf die Hupe und schreien Sie nicht unflätig aus dem Fenster. Es bringt nichts. Es bringt Sie nur auf die Palme und dieser Stress hat eine negative Langzeitwirkung.

17. Denken Sie nicht, dass Sie unbedingt mehr soziale Kontakte brauchen, weil es sich so gehört. Das stresst unnötig. Jeder Mensch ist unterschiedlich und braucht verschieden viele Freunde, um sich wohlzufühlen. Machen Sie es nach Ihrer Fasson. Seien Sie wählerisch! Lieber wenige gute Freunde als 70.000 Friend-Bots auf Facebook.

18. Gehen Sie waldbaden. Wenn Sie wandern oder einen Spaziergang machen, suchen Sie sich eine Strecke, die durch einen Wald führt. Und genießen Sie dort die Ruhe, die frische Luft. Der Wald ist ein Arzt und seine Praxis immer grün.

19. Denken Sie positiv. Ersetzen Sie negative Gedanken und Denkmuster durch positive Gedanken. Denken Sie nicht, was Sie alles bedrückt oder ärgert, sondern welche schönen Seiten das Leben zu bieten hat. Das klingt einfach, braucht aber Übung. Machen Sie sich eine Liste mit drei negativen und zehn positiven Dingen des Tages. Das Gute soll überwiegen, dann lächelt das Gemüt.

20. Hören Sie öfter auf Ihr Bauchgefühl. Wenn Sie eine Entscheidung treffen müssen, hören Sie auf Ihre innere Stimme.

21. Meditieren Sie. Das bringt Entspannung. Egal, ob Sie Yoga in einem Kurs machen oder zu Hause auf der Couch. Atmen, ein und aus. Einfach tief atmen. Zehn Minuten. Nach dem Aufwachen und vor dem Einschlafen. Oder untertags dreißigmal am Stück.

22. Gönnen Sie sich Zufriedenheit. Die Getriebenheit ist eine Geißel unserer Zeit. Denken Sie nicht, dies und jenes gilt es im Leben noch zu erreichen. Seien Sie zufrieden mit dem, was Sie schon aufgebaut und erreicht haben. Erst wenn Sie diese Zufriedenheit spüren, können Sie einen Schritt weitergehen.

23. Schreiben Sie Ihre Träume auf. Träume sind nicht bewusst behandelte Gedanken. Versuchen Sie sich daran zu erinnern. Dann können Sie sie abarbeiten.

24. Kommen Sie mit sich selbst ins Reine. Überlegen Sie, ob in Ihrem Leben wirklich alles passt. Gibt es etwas, das Sie unnötig belastet oder aufregt? Haben Sie den Mut, es zu verändern.

25. Gönnen Sie sich auch einmal etwas: ein feines Essen oder einen schönen Ausflug. Genuss gehört zum Leben dazu. Und lassen Sie sich Zeit beim Genießen. Es braucht das Bewusstsein und die Entscheidung: Heute tue ich mir etwas Gutes!

So aktivieren Sie die Selbstheilung

1. Wenn Sie längere Zeit im Krankenhaus verbringen müssen, gewöhnen Sie sich Rituale an. Gestalten Sie Ihren Tagesab-

lauf selbst. Gehen Sie in der Früh duschen – das Aufrechterhalten der Körperhygiene wirkt sich positiv auf die Psyche aus –, lesen Sie die Tageszeitung, ein Buch oder schauen Sie Serien im Fernsehen an. Das lenkt ab und sorgt für Routine.

2. Seien Sie egoistisch. Es geht nur um Sie. Konzentrieren Sie sich auf das Gesundwerden. Alles andere kann warten. Termine, Verpflichtungen und soziale Drangsal haben in dieser Phase keinen Platz. Der Geist muss sich mit dem Körper beschäftigen. Auf den Fokus kommt es an.

3. Schränken Sie Besuche so weit wie möglich auf positive Personen ein. Wenn Sie schon in einem Krankenhaus liegen müssen, ist es nicht notwendig, dass Sie sich auch noch das Gejammere Ihrer Familienmitglieder anhören, wie schwierig jetzt alles daheim ist, weil Sie nicht da sind. Traurige Gesichter trüben das Gemüt.

4. Denken Sie immer positiv. Natürlich: In manchen Augenblicken, wenn Sie eine schlimme Diagnose erhalten haben, wird das nicht klappen, aber ein positiver Blick in die Zukunft stärkt Sie für das Hier und Jetzt. Der wiederholte Versuch, das Leben von der guten Seite zu sehen, macht sich bezahlt.

5. Planen Sie Ihre Zukunft. Das ist nicht nur eine schöne Ablenkung von der momentanen Situation, damit arbeiten Sie auch an sich selbst und kommen automatisch auf bessere Gedanken.

6. Setzen Sie die Tabletten ab, sobald der Arzt dazu rät. Medikamente helfen, das ist unbestritten, aber sie sollten nur

so lange wie nötig und so kurz wie möglich eingesetzt werden. Pharmakologie ist nur in den seltensten Fällen eine Dauerlösung.

7. Hören Sie auf Ihre innere Kraft. Selbst wenn diese Stimme manchmal nur ganz leise ist, hören Sie auf sie und vertrauen Sie ihr. Der innere Arzt weiß mehr. Er beschäftigt sich mit Ihnen mehr als jeder andere. Er wohnt neben Ihrem Herzen.

8. Vertrauen Sie der Medizin. Die Medizin ist – salopp formuliert – die Wissenschaft, wie man eine Krankheit besiegen kann. Seien Sie froh, dass Sie in einer Zeit leben, in der es unzählige Diagnose- und Therapiemöglichkeiten gibt. Trotzdem ist das Vertrauen in die Wissenschaft gesunken. Fake News und sinistre Seiten im Netz haben dazu beigetragen, dass sich die Leute ihr eigenes Weltbild malen. Die moderne Medizin legt auf Clickbaits keinen Wert. Es geht um Diagnostik und Therapie, nicht um Likes.

9. Seien Sie dankbar. In unserer Zeit wird vieles als selbstverständlich angesehen. Aber es ist eben nicht selbstverständlich, dass – auch in Ihrem Körper – alles so funktioniert, wie es funktionieren soll. Dankbarkeit ist der Schlüssel zur Heilung.

10. Glaube hilft. Egal, an welchen Gott Sie glauben, der Gedanke an eine höhere Macht gibt vielen Menschen Zuversicht und Kraft. Gerade in der schwierigen Zeit einer Erkrankung.

11. Medikamente wirken nicht zu 100 Prozent. Ein charismatischer Arzt, dem Sie vertrauen, kann in Ihnen Kräfte

wecken, die zur Selbstheilung beitragen. Denn egal, was Sie haben: Sie müssen selbst wieder gesund werden. Sie haben die Macht und die Magie.

12. Das Schöne am Tod ist, dass wir ihn selbst nicht erleben, heißt es. Natürlich will niemand sterben. Aber die Ängste, die man davor hat, schwächen den ohnehin geschwächten Kranken noch weiter.

13. Stellen Sie sich nicht die Frage: »Warum habe ich diese Krankheit?« Das lässt Sie grübeln und Sie kommen in immer düstere Gedankenwelten. Sagen Sie sich einfach: »Das ist jetzt so. Daran kann ich momentan nichts ändern. Da muss ich jetzt durch.« Viele Krankheiten ergeben im Nachhinein einen Sinn. Sie lehren den Menschen, anders zu leben. Sie bringen Veränderung. Den Twist zum richtigen Weg.

14. Haben Sie den Mut, sich Unterstützung zu holen. Das ist der erste Schritt zur Therapie. Selbstheilung bedeutet nicht, Hilfe von anderen Menschen oder Profis anzunehmen. Es ist ein Schritt in die gesunde Zukunft.

15. Verhalten Sie sich Ärzten und Schwestern gegenüber immer korrekt. Sie machen nur ihren Job und möchten Sie wieder gesund machen.

16. Wie stehen Sie der Krankheit gegenüber? Sehen Sie das Problem oder die Lösung? Nach einer Diagnose, die man als Patient erhält, muss man zuallererst runterkommen und erkennen, was los ist. Versuchen Sie, den Panikmodus hinter sich zu lassen, Klarheit zu gewinnen und zu

relativieren. Als Patient müssen Sie Gesundheitskompetenz erwerben und die Möglichkeiten und Chancen gemeinsam mit anderen realistisch betrachten.

17. Autosuggestion. Glauben Sie daran, gesund werden zu können – und es auch zu wollen. Es ist eine positive Erwartung, mit einer ganz konkreten, lebendigen Vorstellung. Ich. Werde. Gesund.

18. Um überhaupt Hilfe annehmen zu können, ist Vertrauen nötig. Es ist Ihre Entscheidung – sofern das möglich ist –, entsprechende Mediziner auszuwählen und in die Wirkung ihrer Therapien und Behandlungen Vertrauen zu haben.

19. Nicht vergessen werden sollte die Wirkung der Einsicht als Patient auf die Heilung. Einsicht ist die Schwester der Dankbarkeit.

20. Heilung ist weder ein Angriffs- noch ein Abwehrkampf, ein General in Kampfmontur hat hier nichts zu suchen. Selbstheilung ist gleichsam ein autopoietischer, ein selbsterhaltender Vorgang. Heilung kann man nur geschehen lassen. Sie ist nicht durch Leistung erzwingbar. Sie stellt sich in der Folge ein.

21. Spontanremission ist das teilweise oder vollständige Verschwinden einer Krankheit, ohne dass ein relevanter ärztlicher Eingriff erfolgt ist, und genau das geschieht in unseren Krankenhäusern. Sie folgt einem Gesetz, das wir nicht kennen. Haben Sie die Bereitschaft, anzuerkennen, dass es etwas gibt, das den Erfahrungshorizont und das

gelernte Wissen übersteigt. Wir Ärzte können nicht alles erklären. Wunderheilungen erleben wir immer wieder.

22. Behandlungen sollten weniger aggressiv und schonender sein, wenn das möglich ist. Beraten Sie sich mit dem Arzt. Nicht immer sind Kanonen auf Spatzen die beste Idee. Manchmal reichen Blumen auf Elefanten.

23. Eine der wichtigsten Aufgaben der Ärzte ist es, die Massen zu lehren, keine Medikamente zu nehmen. Pillen sind keine automatischen Heilsbringer. Jedes Medikament hat Nebenwirkungen.

24. Wenn der Krankenhausaufenthalt überstanden ist, Sie aber Probleme haben, mit dem Erlebten umzugehen, dann suchen Sie sich eine Selbsthilfegruppe. Je nach Krankheit finden Sie solche in Ihrer Nähe. Und dort sind Menschen, die genau wissen, wie es Ihnen momentan geht. Weil sie ähnliche Erfahrungen gemacht haben.

25. Selbstheilung ist das Gebot der Stunde. Sagen Sie sich das bei jeder Gelegenheit und führen Sie ein Tagebuch. Vielleicht steht auf der ersten Seite etwas wie: Mein Weg zur Gesundheit.

Das muss sich am Gesundheitssystem ändern

Der Großteil der Herz-Kreislauf-Erkrankungen, an denen die meisten Menschen in Österreich sterben, wäre durch entsprechende Gesundheitsförderungs- und Präventionsmaßnahmen vermeidbar. Das gilt auch für Erkrankungen wie Demenz, Diabetes, COPD oder Bluthochdruck. Die Medizin in unserem und in vielen westlichen Staaten ist, wie eingangs gezeigt, eine reine Reparaturmedizin. Die Ärzte flicken die Patienten wieder zusammen. Und die Menschen leben danach oft nicht anders als zuvor. Jemand, der sein Leben lang geraucht, Alkohol getrunken und Stelzen gegessen hat, wird über kurz oder lang Probleme mit seinen Organen bekommen. Und noch einmal: Der Mensch muss lernen, Verantwortung für sich und seine Gesundheit zu übernehmen. Anstrengungen, die das begünstigen, sind zurzeit nicht in Aussicht.

Stattdessen werden Milliarden an Steuergeld in die Aufrechterhaltung des bestehenden Systems gepumpt. Bei der immer älter werdenden Gesellschaft wird sich das irgendwann nicht mehr ausgehen. Daher werden Krankenhäuser privatisiert und somit ökonomisiert.

Die Gesundheit der Menschen wird dem zu erwartenden Profit untergeordnet. Bestes Beispiel dafür ist die Forschung. Sie sollte nicht nach dem Profit ausgerichtet sein, sondern nach den medizinischen Bedürfnissen.

Die größten medizinischen Durchbrüche in der Vergangenheit wie Antibiotika, Insulin oder die Polioimpfung gelangen in komplett anderen sozialen und wirtschaftlichen Kontexten, als das heutzutage der Fall ist.

Wünschenswert wäre eine Trennung zwischen der Testung von neuen Medikamenten und jenen Institutionen, die diese dann vermarkten. Das könnte zu einer besseren Darstellung von Nutzen und Schaden der neuen Medikamente führen.

Und: Es braucht viel mehr Informationen und Studien zu den Effekten, die mit dem Absetzen von Medikamenten einhergehen. In Israel wurde beispielsweise eine Studie durchgeführt, bei der ältere Patienten von durchschnittlich 7,7 Medikamenten auf 4,4 herabgesetzt wurden. 88 Prozent der Patienten fühlten sich danach besser und nur bei 2 Prozent mussten die Medikamente wegen des Wiederauftretens von Symptomen erneut verabreicht werden.

Multimedikation ist ein Thema der heutigen Medizin, das an anderer Stelle in diesem Buch bereits behandelt wurde.

Schon eine simple Checkliste, wie sie vom Polypharmazieboard des Klinikums Klagenfurt eingesetzt wird, kann helfen, die Verordnung unnötiger Medikamente zu vermeiden. Es handelt sich dabei um einen kleinen Fragebogen: Gibt es für das Medikament eine medizinische Grundlage oder Diagnose? Ist die Medikation wirksam für das bestehende Problem? Stimmt die Dosierung? Ist die Verordnung korrekt und praktikabel? Gibt es zwischen den verwendeten Medikamenten Wechselwirkungen? Gibt es zwischen den Medikamenten und den Erkrankungen Wechselwirkungen? Gibt es unnötige Zweifachverordnungen? Stimmt die Therapiedauer? Gibt es ökonomisch günstigere Alternativen?

Polypharmazieboards sind übrigens eine hervorragende Möglichkeit, im Krankenhaus verschiedene Abteilungen, aber auch niedergelassene Ärzte hinsichtlich Verwendung von vielen Medikamenten zu beraten. In Klagenfurt besteht dieses Board aus Pharmazeuten, Neurologen, Geriatern, Psychiatern und Kardiologen. Alle arbeiten zusammen, um das beste Ergebnis für die Menschen zu erreichen: die Gesundheit.

Epilog mit Evie

In den Medien wurde von folgendem Fall berichtet.
Evie war acht Monate alt, als sie ihr Augenlicht verlor.

Alles hatte mit einer Verkühlung begonnen. Vor sieben Jahren war das. Das Mädchen aus der englischen Stadt Bristol hustete, die Nase lief, die Stirn war fieberheiß. Schüttelfrost.

Evies Mutter Amy war verzweifelt, beriet sich mit dem Vater. »Wir müssen einen Arzt holen«, sagte sie. Evies Zustand verschlechterte sich zusehends, sie weinte. Nach einer Erkältung sah das nicht mehr aus. Das Baby schrie. Der Vater war nervös. »Wir fahren ins Krankenhaus«, sagte er. Sie zogen Evie an und machten sich auf den Weg.

In Bristol gibt es 33 Spitäler. Sie nahmen die Klinik gleich in der Nähe. In der Kinderabteilung saßen Eltern mit besorgten Mienen, Babys und Kleinkinder auf dem Schoß. Es roch nach Krankenhaus. Ärzte gingen mit professioneller Schnelligkeit durch die Gänge, um den Hals das Stethoskop.

Amy und ihr Mann trugen die kleine Evie zur Notaufnahme. »Unser Kind hat Fieber, wir wissen nicht, was los ist.« Die Schwester nahm die Daten auf und wies sie an, dort drüben auf den Plastikstühlen Platz zu nehmen, ein Arzt werde bald da sein. Heute sei viel los. Sie müssten Geduld haben.

In so einem Fall haben Eltern keine Geduld. Amy bat eine Ärztin um Hilfe. Für Evie begannen die Untersuchungen.

Es dauerte ein paar Stunden, bis ein Arzt kam. Er trug eine Brille, die Haare streng nach hinten gekämmt. Er sah nicht aus wie jemand, der eine gute Nachricht überbringt. Sein Gesichtsausdruck verriet, dass da etwas war. Etwas Kompliziertes.

Die Diagnose lautete Hydrozephalus. Eine krankhafte Erweiterung der Räume im Gehirn, die mit Hirnwasser, sogenanntem Liquor cerebrospinalis, gefüllt sind. Im Kindesalter kommen Formen von Hydrozephalus wegen angeborener Fehlbildungen vor. Auch nach Hirnhautentzündungen, postnatalen Hirnblutungen oder neurochirurgischen Eingriffen.

Evies Eltern verstanden nicht, was der Arzt sagte. »Und was hat unser Kind jetzt genau?«, fragte der Vater.

»Evies Gehirn produziert zu viel Flüssigkeit«, erklärte der Arzt. »Der erhöhte Druck wirkt sich auf das Sehvermögen aus, auch auf andere Leistungen des Gehirns. Wir rechnen mit kognitiven Einschränkungen.«

»Wird sie wieder gesund?«, fragte Amy.

»Das ist schwierig zu beantworten«, sagte der Arzt. »Bei Evie beträgt der Druck im Gehirn das Zweiunddreißigfache des Normalwerts.«

»Und was bedeutet das?«, fragte der Vater.

Der Arzt sah zu Boden, dann den Eltern in die Augen: »Es tut mir leid, wenn ich das so direkt sage, aber Ihre Tochter ist blind.«

Amy brach in Tränen aus, der Vater schluckte. »Gibt es eine Chance auf Heilung?«

»Leider nein«, sagte der Arzt. »Sie müssen damit rechnen, dass sie viele Dinge nicht lernen wird. Sprechen, gehen. Unter diesen Umständen verhindert der Hydrozephalus das, was wir bei Kindern eine normale Entwicklung nennen.«

Die Eltern begannen zu zittern. Sekunden zogen sich in die Länge, das Begreifen war unmöglich, das Verstehen undenkbar. Die Worte des Arztes hallten dumpf im Hintergrund nach.

Blind.

Nicht sprechen, nicht gehen.

Dabei hatte Evie doch nur eine Erkältung. Eine Grippe vielleicht.

»Gibt es denn nichts, was man tun kann?«, fragte der Vater.

»Wir können nur Shunts setzen«, sagte der Arzt. »Um die Flüssigkeit im Gehirn abzulassen. Um den Druck auszugleichen. Das ist eine vorübergehende Maßnahme. Denn nach einer bestimmten Zeit wird sich dieser Druck wieder aufbauen.«

Wie in Trance nahmen die Eltern Evie in den Arm und legten sie in den Kinderwagen. Sie gingen vor zum Lift und sagten kein Wort. Die Ziffern, die zu den Stockwerken führten, hatten ihre Bedeutung verloren. Drei? Sieben? Null? Zum Ausgang. Aber wohin dann? Wie konnten sie nach Hause fahren und ein Leben leben, in dem Evie blind war, für immer, nie würde gehen und nie Mama und Papa sagen können? Sie hatte keine Zukunft. Das Morgen war so schwarz wie das, was ihr Baby vor Augen hatte, eine immerwährende Dunkelheit.

Die nächsten Jahre komprimierten sich zu einem Dasein stiller Traurigkeit. Die Eltern hatten sich mit dem Schicksal nicht abgefunden, aber akzeptiert, dass die Tage weiterliefen. Tage und Nächte reihten sich aneinander in nebuloser Nichtigkeit. Nichts mehr hatte einen Sinn.

Evie war sieben Jahre alt, als sie ihr Augenlicht wiederfand.

Es geschah plötzlich. Die Dunkelheit wich dem Kinderblick, die Welt zeigte sich der Siebenjährigen in aller Pracht. »Mami!«, rief sie, »ich kann sehen. Ich sehe alles.«

Die Mutter rannte ins Kinderzimmer, der Vater hinterher. »Was ist los?«

»Ich kann alles sehen«, sagte Evie.

Sie fuhren sofort ins Krankenhaus zur Kontrolle. Die Ärzte untersuchten das Mädchen und stellten fest, dass der Druck im Gehirn verschwunden war. Andere Ärzte kamen und sahen sich die Werte und die Bilder an, schüttelten die Köpfe. »Das gibt es nicht«, sagte einer, »unmöglich.«

Heute geht Evie zur Schule. Sie hat zwei Brüder und Eltern, die an Wunder glauben. Weil es sie gibt, diese Wunder. Auf irgendeine Art und Weise hat Evie sich selbst geheilt. Das blonde Mädchen im fliederblauen Kleid ist völlig gesund.

Und Sie?

Schreiben Sie Ihre Erlebnisse und Erfahrungen per E-Mail an:
rudolf.likar@kabeg.at

Es folgt ein Bildteil mit Arbeiten des Künstlers Günther Stotz

Günther Stotz – Biografie

Plakatdesigner, Zeichner, Illustrator, Maler, Bildhauer

1949	geboren in Klagenfurt, Kärnten
1969–1974	Absolvent der Graphischen Lehr- und Versuchsanstalt in Wien
1971–1979	freier Designer beim ORF, Küniglberg, Wien
1980–1990	Motion Picture Designer in Hollywood, Los Angeles, California
1988	Printkampagne, Oscar-Nomination-Kampagne für »Rain Man«
1989	Einzelausstellung »Hollywood Dreams«, Austria Center, Wien
1990	Rückkehr nah Österreich, betreut als Art Director Kunden wie Ford, Raiffeisen Bank, Lauda Air, NÖ Landtagswahl Erwin Pröll
1999	beendet den erlernten Beruf als Designer. Widmet sich der Kunst. Zeichnet, malt, fertigt Skulpturen aus Stein, Holz, Metall, Keramik
2000–2022	Freier Künstler. Dozent an diversen Akademien (z.B.: SOKA Zakynthos, Accademia Amalfitana, styrian summer art). Leitet Workshops im In- und Ausland

Er erhielt zahlreiche internationale Auszeichnungen und Preise, gewann mehrere Wettbewerbe, darunter Zoo Schönbrunn, Bronzemedaille in Verpackung Deutscher Art Directors Club, Art Director of the Year Illustrators Society of California, Filmplakat des Jahres Art Director Club of Los Angeles, Österreichischer Staatspreis für Werbung, Beste Multimedia-kampagne International Advertising Association.

»ASKLEPIUS« – römischer Gott der Heilkunst
Skulptur aus gebranntem Ton plus Raku-Brand. 50 cm hoch

»HYGIEIA« – griechische Heilgottheit
Skulptur aus gebranntem Ton plus Raku-Brand, montiert mit einer Muschel in eine Aschenschale auf Holz, Umrahmung: Fichtenwurzel. 54 cm hoch, 34 cm breit

»DER HEILSBRINGER« aus der Serie: »Das Innenleben der Kiste«
Kopf aus marmoriertem Speckstein, Herz aus Sedona/Arizona, Stacheldraht.
Montiert in eine Holzkiste mit Fichtenwurzeln. 60 cm hoch, 40 cm breit

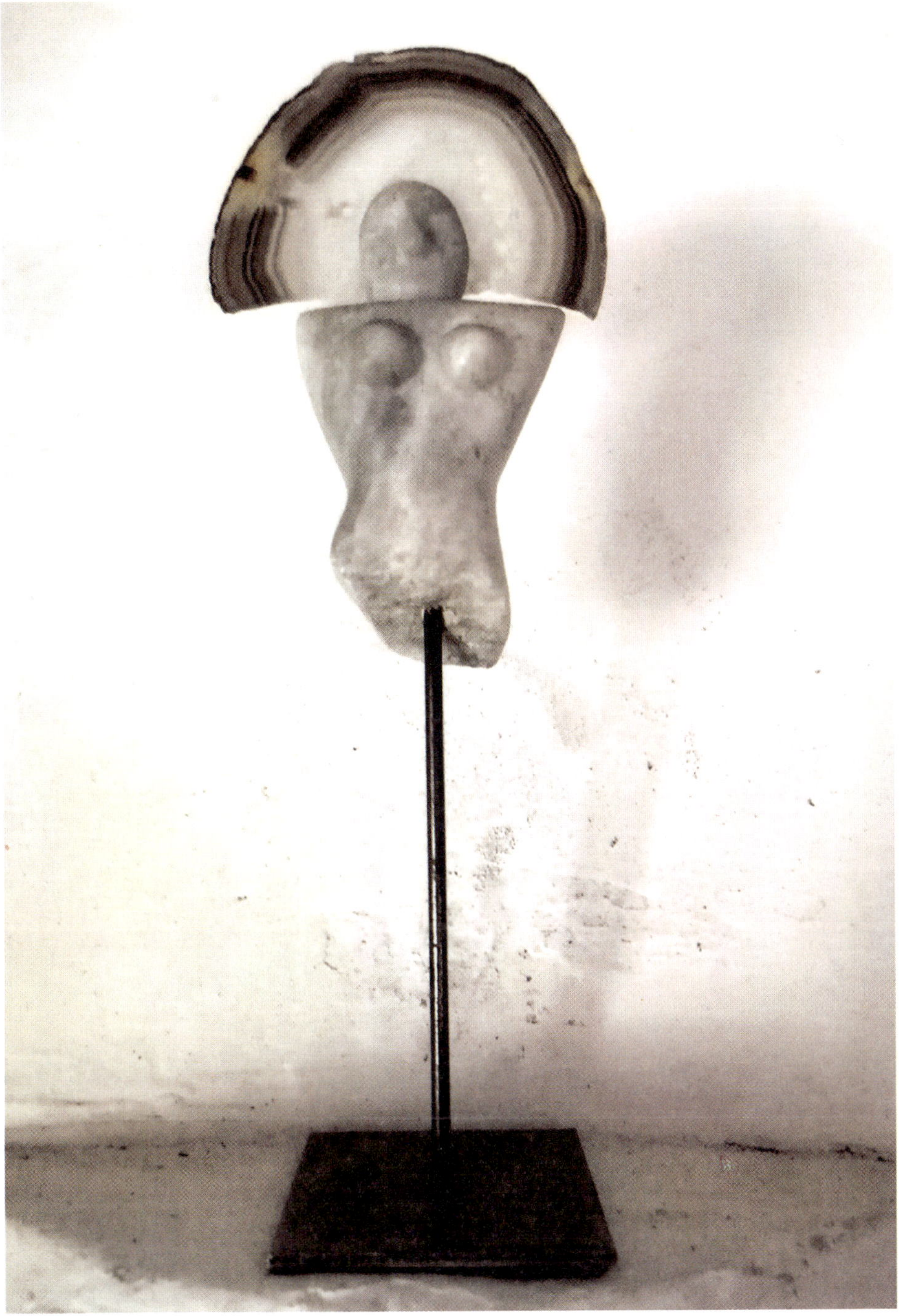

»DIE HEILERIN« – Steinzeitidol
Figur aus marmoriertem Speckstein in Grau mit geschliffenem Halbedelstein
als Kopfschmuck, montiert auf einem Eisenständer. 25 cm hoch

»GEHEILTES PAAR«
Skulptur aus gebranntem Ton plus Raku-Brand. Montiert auf einem Sockel aus Fichtenholz mit ovalem rostigen Eisenring plus Stein. 40 cm hoch, 20 cm breit

»2 HEILERINNEN 1«
Skulptur aus gebranntem Ton, plus Schwelbrand. 93 cm hoch

»2 HEILERINNEN 2«
Skulptur aus gebranntem Ton plus Raku-Brand, montiert auf einem Eisenständer mit einer Wurzel. 90 cm hoch

»SCHAMANIN«
Skulptur geschnitzt aus Buchenholz. 2 m hoch, abgeb. Detail 12 cm

Danke, dass Sie sich für unser Buch entschieden haben!
Sie wollen mehr über unsere Bücher erfahren und über unser Programm auf dem Laufenden bleiben? Befreunden Sie sich mit uns auf Facebook, folgen Sie uns auf Instagram oder abonnieren Sie unseren Newsletter.
Wir freuen uns auf Sie!

3. Auflage 2022

ISBN 978-3-8000-7799-1
ISBN 978-3-8000-8229-2 (e-book)

Bildteil: © Günther Stotz
Covergrafik: © Adobe Stock
Covergestaltung: Saskia Beck, s-stern.com
Satz Kern: Gabi Schwabe, grafik design
Druck und Bindung: finidr, Český Těšín

www.ueberreuter.at